Andreas Niedermayer

Mecheln und Würzburg

Skizzen und Bilder entworfen auf den Katholiken...

Andreas Niedermayer

Mecheln und Würzburg
Skizzen und Bilder entworfen auf den Katholiken...

ISBN/EAN: 9783337011246

Printed in Europe, USA, Canada, Australia, Japan

Cover: Foto ©ninafisch / pixelio.de

More available books at **www.hansebooks.com**

Mecheln und Würzburg.

Skizzen und Bilder

entworfen

auf den Katholiken-Versammlungen in Belgien und Deutschland

von

Andreas Niedermayer.

Das Honorar ist bestimmt für den Kapellenbau in Niederrad
bei Frankfurt a. M.

Freiburg im Breisgau.
Herder'sche Verlagshandlung.
1865.

Buchdruckerei der Herder'schen Verlagshandlung in Freiburg.

Personen-Verzeichniß.

A.

	Seite
Aasters, Künstler	53
Achard, Publicist	88
Acton, Sir John, Parlamentsmitglied	86
Adams, Advocat	139
Adler, Missionspriester	134
Aichinger, Publicist	120
Aignan, d', Publicist	86
Alberdingk-Thijm, J., Archäolog	51
Alberdingk-Thijm, Dr. P., Kirchenhistor.	48
Allioli, Dompropst	65
Almeida, Don, von Portugal	132
Alzog, Kirchenhistoriker	65
Amberger, Pastoraltheologe	60
Anblaw, Freih. v.	10
Antoine, P.	129
Arminger, Diöcesan-Präses	138
Arndts, Parlamentsmitglied	10
Aß, Kunstschriftsteller	64
Aubiganne von Paris	127
Aulicke, Parlamentsmitglied	10
Authenaisse, Vic. d'	129
Ayen, Duc d'	87

B.

	Seite
Bach, Dr.	116
Bachem, Buchhändler	118
Baber, Jos., Histor.	114
Baeten	75
Bally, v., Parlamentsmitglied	9
Barrier, Publicist	79
Barth-Barthenheim, Graf von	145
Bataille	129
Baudon von Paris	128
Baudri, Weihbischof	146
Baudri, Glasmaler	67
Baumgartner, Staatsmann	141
Beaulieu, Comte de	129
Becker, Pastor	94
Beckers, Publicist	129
Beckert, Diöc.-Präs.	138
Benker, Diöces.-Präs.	138
Beslay	128
Bethune, Vicomte de, Senator	17
Bethune, Felix de, Canonicus	53
Bethune, Joh. de, Glasmaler	42
Bieling, Domcapitular	133
Bleser, de, Archäolog	52
Blum, Peter Jos., Bischof von Limburg	146
Bock, von, Franz, Dr., Archäolog	69
Böddinghaus, Missionspriester	135
Boisserée, S., Kunsthistoriker	65
Borbeau, Archäolog	44
Bosaerts	129

	Seite
Braganza, Dom Miguel, Herzog von	144
Braganza, Dom Miguel, Prinz von	144
Brandis, Graf von	94
Brandner, Professor	116
Braun, Missionspriest.	135
Brentano, v., Kaufm.	140
Broeck, de, Bildhauer	53
Broglie, Fürst von, Schriftsteller	87
Broir, Domcapitular	146
Brummel, Advocat	149
Brunner, Seb., Publicist	117
Buchegger, Generalvicar	146
Büchinger, Domherr	147
Buck, de, P., Bollandist	129
Bumüller, Historiker	115
Burgener, Historiker	142
Bus, Vicomte du, Archäolog	39
Buß, Ritter von	10

C.

	Seite
Cahier, Kunstschriftst.	73
Caloen, P.	129
Camus, Le, v. Paris	132
Cantu, Profanhistoriker	106
Capiaumont, General	17
Carion, Archäolog	43
Carné, Graf, Schriftst.	87
Cartuyvels, Archäol.	40
Casaretto, Paramentenhändler	54
Casier	128
Casoni, Publicist	85
Caulincourt, de	129
Caumont, de, Archäol.	73
Cavaillé, Orgelbaum.	49
Chaillard, Publicist	88

	Seite
Champagny, Comte de, Schriftsteller	84
Champigneulle	53
Chelen, de, Publicist	85
Chmel, Geschichtsforscher	115
Chopinet	75
Clemente, Herzog v. San, in Florenz	50
Clisieur, du	75
Clos, Dr., Pfarrer	116
Cochin, Publicist	88
Collinet	132
Conßen, Universitätsprofessor	103
Coomans, Publicist	86
Coquerel, Schriftstell.	110
Coquille, Publicist	86
Cornelius, Profanhist.	114
Croix, de la, Kirchenmusiker	50

D.

	Seite
Dalgaires, Schriftst.	110
Damberger, Kirchenhistoriker	112
Dandini, Kirchenmus.	50
Daumer, Schriftsteller	113
Dechamps, Staatsmann	18
Dechamps, P.	148
Decoster	75
Delbig, Historienmaler	44
Delcour, Universitätsprofessor	75
Delvigne, Archäolog	52
Demarteau, Publicist	86
Demulliez	129
Dengler, Archäolog	60
Denzinger, Dr.	116
Denzinger, Universitätsprofessor	109

	Seite		Seite
Denzinger, Dombaumeister	71	Engelmann, Professor	115
Deschutter, Kirchenmusiker	50	Ennen, Historiker	115
		Ernst, Dompropst	116
Deschwanden, Historienmaler	142	Eslavá, Don Hilarion, von Madrid	50
Deutinger, Schriftst.	113		
Devaur	129	**F.**	
Devoght, Kirchenmus.	50	Faa, P., Kirchenmusiker	50
Devrope, Kirchenmus.	48	Faber, P., Schriftstell.	110
Didron, Archäolog	73	Faille, Baron della, Staatsmann	17
Dieringer, Universitätsprofessor	100	Falk, Casinopräsident	139
Digard, Publicist	85	Fallour, Publicist	87
Dirschedl, Regens	61	Fassin	129
Döllinger, Kirchenhistoriker	8	Felix, P., Kanzelredner	82
		Fiala, Domherr	141
Dognée	128	Ficker, Profanhistorik.	114
Dominicus, Profanhistoriker	115	Flandrin, Historienmaler	44
Drival, van, Archäol.	44	Fleury, de, Publicist	44
Drüffel, Freih. von	145	Flir, Parlamentsmitgl.	10
Ducpétiaur, Generalsecretär	14	Förster, Fürstbischof v. Breslau	9
Dudik, Historiker	114	Fogarasy, Abt	146
Dumortier, Staatsmann	14	Foisset, Publicist	88
		Frankl, Publicist	120
Dupanloup, Bischof von Orleans	76	Frappier, Publicist	86
		Freund, Domcapitular	116
Dursch, Aesthetiker	46	Freppel, Schriftsteller	110
Duval, Musikschriftst.	50	Friedrich, Historiker	114
Dür, Domcapitular	116	Fries, Graf v.	145
E.		**G.**	
Eberhard, Canonicus	116	Galen, Graf Ferdinand von	145
Eberle, Publicist	141		
Egid, Bruder, Kirchenmusiker	49	Galen, Graf Max von	100
		Gams, P., Kirchenhist.	115
Elewyt, Ritter van, Kirchenmusiker	48	Gaultier	129
		Gay, P.	129
Endert, van, Kunstschriftsteller	67	Geandre	129
		Geelhand, Archäolog	44

	Seite		Seite
Gendt, de	128	Haflenscheid v. Amsterdam	50
Geissel, von, Cardinal von Köln	56	Hagemann, Schriftst.	115
Geritz, Parlamentsmitglied	100	Hahn-Hahn, Ida, Gräfin, Schriftstellerin	112
Gerlache, Baron von, Staatsmann	16	Halberg-Broich, Freiherr v.	145
Geslin von Kersolon	129	Haneberg, Abt	109
Geyer, Kunstschriftst.	73	Hartmann, Moritz v., Ritter	144
Gfrörer, Profan- und Kirchenhistoriker	112	Haudt, Regierungsrath	141
Giefers, Kunstschriftst.	64	Haulleville, de, Publicist	86
Gindely, Historiker	114		
Gmelch, Pfarrer	116	Häusle, Hofkaplan	147
Görres, G., Schriftst.	100	Hefele, Kirchenhistor.	112
Görres, Jos. von	73	Heinrich, Domcapit.	98
Götz, Dombecan	146	Hemptinne, de, Fabrikherr	18
Goyers, Goldschmied	53		
Gratry, P., Schriftst.	87	Herb, Domcapitular	116
Grell, Professor	116	Hergenröther, Universitätsprofessor	108
Greindl, Baron von, General	132	Hereman, Freiherr v.	145
Greith, Dr., Bischof von St. Gallen	142	Hermann, Historienmaler	72
Greith, Musikdirector	142	Hermann, P., Kanzelredner	49
Greuter, Reichsrathsmitglied	148	Hettinger, Universitätsprofessor	108
Grillmaier, Subreg.	60	Himioben, Domcapit.	62
Grimm, Adelb., Kunstschriftsteller	64	Himmelstein, Dompfarrer	65
Gruscha, Dr., Centralpräses	136	Hirschel, Domcapitul.	100
Güffers, Historienmal.	55	Hitz, Dr.	116
		Höfler, Profanhistor.	114
H.		Hoensbroich, Graf v.	94
Haeghen, van der, Historiker	75	Hofstätter, Heinr. v., Bischof von Passau	72
Hähnlein, Universitätsprofessor	115	Höllrigl, Diöcesanpräses	138
Hällmayer, Geistl. Rath	120	Höpperger, Gesellenpräses	138
		Holzammer, Exeget	100
Haffner, Professor	99	Hompesch, Graf von	144

	Seite		Seite
Hoyos, Graf von	145	Kampfschulte, Profanhistoriker	114
Hopffack, Publicift	120	Kaufmann, Dr.	116
Huber, Historiker	114	Kaufmann, Aler., Historiker	114
Huguet, Archäolog	44	Keller, Domherr	141
Hülskamp, Schriftft.	114	Kerker, Historiker	115
Hundhausen, Exeget	100	Kerchove, Vicomte de, Staatsmann	15
Hurter, Profanhistor.	112	Kestens	129
Hutmacher, Archäol.	63	Ketteler, Emanuel, Freiherr von, Bischof von Mainz	6
Huttler, Publicift	120	Ketteler, Wilderich, Freiherr von	145
Huybrechts	132	Kiesel, Profanhistor.	115

I. J.

	Seite		Seite
Jacob, Kunstschriftsteller	60	Klee, Universitätsprof.	102
Jacobs, Staatsmann	128	Klein, Generalvicar	146
Jäger, Diöcesanpräses	138	Knoodt, Parlamentsmitglied	9
Janssen, Profanhistoriker	114	Kolping, Gen.-Präs.	136
Jarcke, Publicift	100	Kopp, Profanhistoriker	141
Jaumot, Historienmaler	43	Krabbe, Dombecan	146
Ibach, Dompfarrer	65	Kratz, Kunstschriftsteller	65
Jörg, Publicift	117	Kraus, Rector	115
Isard, Archäolog	44	Krebs, Publicift	120
Isenburg, Prinz Karl zu	26	Kreuser, Kunstschriftsteller	68
Ittenbach, Historienmaler	55	Krieg v. Hochfelben, General	73
Julien, Bruder, Kirchenmusiker	50	Rubinszky, Domherr	134
Junckmann, Historiker	115	Kuhn, Herm., Publicift	84
		Kutzen, Parlamentsmitglied	10

K.

	Seite
Kagerer, Dr.	115
Kaiser, Bisch. v. Mainz	6
Kaiser, Dr.	115
Kallenbach, Kunstschriftsteller	73
Kalliski, Propft	147

L.

	Seite
Lacordaire, P., Kanzelredner	81
Lämmer, Kirchenhist.	114
Laforêt, Universitätsprofessor	75
Laib, Archäolog	64

Lambert, P., Missionspriester	135
Lambert, John, in London	50
Lambotte, Goldschmied	53
Lambrechts, Goldschmied	53
Laminne, Kirchenmusik.	50
Lamp, Universitätsprofessor	75
Landrien	132
Lang, Dr., Publicist	119
Langen, Dr.	116
Lannoy, de, General	132
Laprade, Publicist	87
Lasaulx, Parlamentsmitglied	112
Lasinsky, Historienmaler	72
Lasserre, Publicist	85
Laurent, Bibliothekar	134
Laveban, Publicist	43
Lavergne, Publicist	88
Lebrocquoy, Publicist	85
Lechevin	75
Legentil	140
Léger	75
Legrelle	128
Lehner, P. Ildefons	60
Lemercier, Publicist	78
Lemmens, Publicist	50
Lennig, Generalvicar	12
Le Teillier, Abel	129
Lieber, Moritz, Präsid.	12
Lierheimer, Kanzelredner	116
Linde, v., Staatsmann	10
Lingens, Advocat	140
Liszt, Virtuos	49
Loë, Freih. v.	145
Löwenstein, Fürst Karl v.	26
Loret, Orgelbaumeister	49
Loth, Kirchenmusiker	50
Lowell, Fabrikherr	127
Ludwig I., König v. Bayern	56

M.

Maier, Dr. Willibald, Domcapitular	116
Majer, v., Advocat	148
Malengié	129
Malkmus, Domcapit.	147
Manning, Schriftst.	110
Marbeau v. Paris	128
Marilley, Bischof von Genf-Lausanne	142
Marmier, Publicist	88
Marshall, Schriftst.	110
Martens, v. Pelplin	94
Martin, Arthur, Kunstschriftsteller	73
Martin, Maler	44
Martini, Comte de	85
Matthew, P.	128
Maximilian II., Kg. v. Bayern	106
Mayer, de, Kirchenmusiker	50
Mayerhofer, Feldmarschall	145
Mayr, Georg, Centralpräses	137
Mayr, Gesellenpräses	138
Meignan, Generalvic.	87
Melun, Vicomte de, aus Paris	128
Meluzzi, Kapellmeister	50
Meniolle aus Paris	47
Mercklin, Orgelbaumeister	49
Mermillod, Bischof in Genf	142

	Seite
Merz, Ludw., Dr., Opticus	137
Mettenleiter, Kapellmeister	63
Metternich, Dombaumeister	72
Michelis, Polemiker	113
Migazzi, Graf	145
Mislin, Abt	146
Mittermüller, P., Historiker	115
Modeste, P., Missionspriester	135
Moos, von	141
Möhler, Theolog	102
Möller, Universitätsprofessor	92
Molitor, Dr., Domcapitular	112
Mommaerts v. Brüssel	47
Monge, Leon de, Künstl.	44
Montalembert, Comte	77
Montes de Oca, Don Ignacio, v. Merico	132
Montreuil, Baron v.	132
Moricière, la, General	149
Moufang, Dr., Domc.	97
Moy, Freih. v., Rechtslehrer	101
Müller, Georg, Bischof von Münster	72
Müller, Hermann, Universitätsprofessor	103
Müller, Hofkaplan	147
Müller, Missionsvicar	137
Müller, Ingenieur	141
Muelinen, Historiker	142
Mullois von Paris	132
Münzenberger, Archäolog	67

N.

	Seite
Racke, Diöcesanpräses	138
Namèche, Universitätslehrer	75
Nardi, Prälat	147
Necker, van de, Archäol.	44
Nellaroya, Publicist	132
Neut, Publicist	84
Newman, Schriftstell.	110
Nicolas, Schriftsteller	110
Niehus, Profanhistorik.	114
Nirschl, Professor	116
Nübel, Propst	147

O.

	Seite
Oakeley von London, Canonicus	83
Oberhoffer, Musikschriftsteller	68
O'Connell, Staatsmann	128
O'Donnel, Graf	144
Oer, Freiherr v.	145
Oischinger, Schriftst.	115
O'Reilly, Parlamentsmitglied	129
Ortlieb, Musikschriftst.	68
Ossenbeck, Historiker	115
Osterrath, Parlamentsmitglied	9
Oudin, Archäolog	73

P.

	Seite
Pagasartunbua	129
Pagès, Leon, Publicist	86
Paquet aus Canada	132
Parisis, Bischof	110
Peeters	129
Pellbram, Propst	146
Perreyve, Schriftstell.	87

	Seite
Perger, Kunstschriftst.	65
Perin, Universitätsprof.	19
Pfahler, Professor	115
Pfeifer, Dr.	116
Pfeilschifter, Publicist	117
Phillips, Rechtslehrer	100
Phyffers, Bildhauer	53
Pichler, Historiker	114
Piederey, Bildhauer	53
Pimodan, General	149
Pius IX., Papst	5
Planer, Publicist	120
Ponholzer, Diöcesan- präses	138
Pontmartin, Publicist	88
Pressensé, Schriftst.	110
Prisac, Canonicus	134
Proske, Musikschriftst.	63
Purcell, A. D., Missionspriester	134
Putsaert	129

	Seite
Riancey, de, Publicist	78
Richecourt, de	128
Richemont, Comte de	78
Riebinger, Diöcesan- präses	120
Rietter, Universitäts- lehrer	115
Riffel, Kirchenhistorik.	12
Rio, Schriftsteller	106
Ringseis, v., Geheim- rath	101
Robertson, Schrift- steller	106
Robiano, de, P.	128
Rossi, Archäolog	73
Roth von Schrecken- stein, Historiker	114
Roßbach, Rechtsrath	138
Royère, de la	129
Rousseau, Canonicus	132
Rump, Kirchenhistorik.	114

R.

Ram, de, Universitäts- rector	20
Rampf, Domcapitular	116
Ratisbonne, Alphons, Ordensstifter	49
Ravignan, de, Kanzel- redner	81
Reding, Publicist	141
Reger, Dompropst	71
Reichensperger, Aug.	44
Reichensperger, Pet.	98
Reinerding, Theologe	113
Reinkens, Kirchenhist.	111
Reischl, Theologe	111
Reithmayer, Univer- sitätslehrer	115
Remling, Domcapit.	115
Reusch, Universitäts- lehrer	110

S.

Sausen, Publicist	117
Schaesberg, Graf v.	144
Schäffer, Diöcesan- präses	138
Schätzler, v., Theologe	116
Scheeben, Theologe	115
Schegg, Exeget	115
Scherer, Graf Theodor v., Präsident	142
Scherr, Gregorius v., Erzb. v. München	72
Schiedermayr, Dom- decan	146
Schleiniger, Publicist	141
Schlumpf, Domdecan	141
Schmetzl, Stadtpfr.	142
Schmid, Stadtpfarrer	116
Schmid, Karl v.	141
Schmitt, Generalvicar	146

	Seite		Seite
Schneider, Fr. Diöcesanpräses	100	Strehle, Hofkaplan	147
Schneider, Dr.	116	Stülz, Parlamentsmitglied	10
Schöpf, Professor	116	Stumpf, Publicist	120
Schorlemer, Freih. v.	145	Swerts, Historienmal.	55
Schouteete, v.	132		
Schuegraf, Kunsthistoriker	65	**T.**	
Schulgen, Kunsthändl.	47	Taconet, Publicist	86
Schulte, Rechtslehrer	102	Tanner, Theologe	141
Schwarz, Dr., Archäol.	68	Terwecoren, Publicist	85
Segesser, Schriftsteller	141	Theiner, Geschichtsforscher	115
Ségur, Schriftsteller	110		
Senestrey, Ignatius v., Bischof v. Regensb.	71	Thellier de Poncheville	132
Sepp, Universitätsprof.	9	Theodosius, P., Generalvicar	141
Settegast, Historienmaler	72	Thinnes, Dompropst	10
		Thissen, A., Secretär	121
Siegwart-Müller	141	Thissen, E.Th., Stadtpfarrer	121
Sighart, Kunsthistorik.	61		
Silbernagel, Historik.	116	Thun, Graf Friedrich v.	145
Simpton, Publicist	86	Toinan, Archäolog	50
Singer, P., Tonkünstl.	49	Tour, de la, Publicist	86
Smedt, de	132	Troyen, van	129
Soenens	75	Twickel, Freiherr von	145
Spee, Graf v.	144		
Stadlbauer, Universitätsprofessor	115	**U.**	
Stadler, Dombecan	147	Uhrig, Professor	115
Stahl, Anton v., Bischof v. Würzburg	146	**V.**	
Stamminger, Public.	120		
Stein, Pastor, Musikschriftsteller	51	Vandenest	128
		Veit, Historienmaler	72
Steinle, Historienmal.	55	Vering, Universitätsprofessor	103
Stercr, Cardinal v. Mecheln	24	Verspeyen, Publicist	85
Stillfried, Baron v.	145	Vervoitte, Kirchenmusiker	48
Stoffelt	132		
Stolberg, Graf Jos. v.	144	Veuillot, Louis, Publicist	110
Stolberg, Graf Caj. v.	145		
Streber, Universitätslehrer	58	Vicari, Hermann von, Erzb. von Freiburg	149

	Seite		Seite
Villarrazza, Publicist	85	Westermayer, Kanzelredner	116
Villaroya, Publicist	85	Westlake, Bildhauer	53
Villemain, Publicist	87	Wetter, Kunstschriftst.	65
Villeneuve, Comte de	75	Wick, Publicist	116
Villermont, Comte de	19	Wieland, Archäolog	65
Viollet le Duc, Kunstschriftsteller	73	Wiener, Kunstschriftst.	64
Bischering, Droste v.	145	Wiery, Domherr	146
Vogel, Decan, Parlamentsmitglied	10	Wiesinger, Publicist	113
Vogeno, Goldschmied	53	Wigley, Publicist	86
Voisin, Archäolog	53	Will, Dr. Corn., Profanhistoriker	114
Vosen, Apologet	111	Winkler, Chorherr	141
Brignault, Publicist	86	Windischmann, Universitätslehrer	102
W.		Wint, van, Bildhauer	53
		Wiseman, Cardinal	25
Wallon, Schriftsteller	88	Wirthmüller, Dr.	116
Watterich, Geschichtsforscher	115	Witt, Musikschriftsteller	63
Wauters, Rechtsgel.	129	Woeste, Advocat	130
Weale, James, Kunstschriftsteller	41	**Z.**	
Weber, Beda, Stadtpf.	7	Zailler, Dr., Pfarrer	116
Wedekind, Bischof v. Hildesheim	146	Zander, Dr., Publicist	117
Weizenhofer, Diöcesan-Präses	138	Zarbl, Dompropst	59
Werner, Apologet	116	Zehe, Archäolog	65
Werner, Kunstschriftsteller	65	Zell, Hofrath	144
Wesselack, Kapellmstr.	116	Ziegler, Gesellenpräses	138
		Zinsler, Professor	116
		Zobl, Professor	115

Erstes Kapitel.

Verschiedene Physiognomien.

Die belgischen Katholiken-Congresse sind jüngeren Ursprungs als die General-Versammlungen der katholischen Vereine Deutschlands. Das Sturmjahr 1848 hat die widersinnigen Ketten, in welche die Kirche Deutschlands geschlagen war, gesprengt und die Katholiken in die Oeffentlichkeit hinausgedrängt; die revolutionären Märzbewegungen des Jahres 1848, die sich strafend, reinigend und warnend über den Continent wälzten, leiteten auch eine neue Aera des kirchlichen Lebens in unserm Vaterlande ein. Mit der Versammlung der 26 deutschen Bischöfe in Würzburg vom 22. October bis zum 16. November 1848 hat diese neue Epoche ihren glorreichen Anfang genommen. Unsere Kirchenfürsten waren es, welche gleich Aaron die Schlange der deutschen Revolution muthig erfaßten, und in ihrer Hand ward sie zum grünenden Stab, eine Stütze für Thron und Altar.

Sechszehn Jahre sind seitdem verflossen, sechszehn katholische Generalversammlungen sind abgehalten worden; jede konnte in Ehren vor der Oeffentlichkeit bestehen, jede hat mit Würde getagt. Mächtig haben diese Versammlungen auf das kirchliche Leben der Laien eingewirkt und zahlreiche, lebenskräftige Vereine und Unternehmungen sind ihnen entwachsen. Die höheren Principien und Anschauungen der Kirche wurden durch diese Versammlungen der Vereine mehr in's Leben eingeführt. Alles, was seit 16 Jahren Gutes im katholischen Deutschland gedieh, hängt näher oder ferner mit diesen Versammlungen zusammen; sie haben angeregt und befruchtet von einem Ende Deutschlands bis zum andern; sie waren ihrer Aufgabe gewachsen, haben bisher wenigstens den Zweck erfüllt, um dessen willen sie in's Leben sind gerufen worden.

Es waren Laienversammlungen: ein Verein von gläubigen, ihrer Kirche treu und warm ergebenen Laien, die geleitet sind von der innigsten Ueberzeugung, daß sie in allen Angelegenheiten, welche die Führung und Handhabung des Kirchenregiments, die Verwirklichung der der Kirche zustehenden Freiheit und Selbstständigkeit betreffen, nur auf die Stimme ihrer Hirten zu hören und dem hochwürdigsten Episcopat Deutschlands in treuer Ergebenheit nachzufolgen haben. Obwohl die Laien in der Wirklichkeit meist nur ein Drittheil der Deputirtenzahl ausmachen, wird dieser ursprüngliche Charakter der Versammlung als Laienversammlung theoretisch noch immer festgehalten, und tritt practisch auch insoweit hervor, als der Präsident stets ein Laie ist, das leitende Bureau überwiegend aus Laien zusammengesetzt ist und den Rednern aus dem Laienstande gerne der Vorzug gelassen wird. Der Laienverein hat die auf der ersten Versammlung in Mainz 1848 redigirten und angenommenen Satzungen nicht bloß dem hl. Vater, sondern auch allen Bischöfen Deutschlands zur Sanction unterbreitet, und die in Würzburg versammelten Erzbischöfe und Bischöfe sanctionirten mit hoher Freude den Inhalt dieser Satzungen, gaben den leitenden Grundsätzen des Vereins ihre Billigung und Theilnahme zu erkennen. Und so blieb es bis heute; jede der 16 Generalversammlungen hat sich mit dem ganzen deutschen Episcopate wie mit dem heiligen Vater in die innigste Beziehung gesetzt.

Diese Vereine nannten sich ursprünglich Piusvereine; sie haben den Namen genommen von unserm glorreich regierenden Papst Pius IX. Mit Recht. Denn Pius IX. ist durch sein nun bald 20jähriges Pontificat der Mann des Jahrhunderts: wir leben im Jahrhundert Pius' IX. Er hat die modernen Ideen in Fluß gebracht, er als der Erste ist den Anforderungen der Gegenwart gerecht geworden. Wie die Welt- und Kirchengeschichte von einem Zeitalter Gregors VII. und Innocenz' III. spricht, so wird sie auch ein Zeitalter Pius' IX. verzeichnen. Die ächten Söhne dieses Zeitalters, die stehen wollen auf dessen sturmumbrausten Höhen, schaaren sich alle unter die Banner der verschiedenen katholischen Vereine, welche sich, um die dicke Luft der Gottentfremdung zu reinigen, während der Regierung Pius' IX. über die ganze Welt ausgebreitet haben. In der Schweiz hat sich der Name Piusverein erhalten; in Deutschland ist jetzt der ursprüngliche Piusverein in so mannigfaltig andere Vereine auseinander getreten, daß der Name mehr und mehr verschwand und wir jetzt eine „General-

Versammlung der katholischen Vereine Deutschlands" kennen.

Die erste General-Versammlung fand Anfangs October 1848 im alten Kurfürstenpalaste zu Mainz statt. Hunderte von edlen Männern aus allen Gauen des Vaterlandes fanden sich wie durch Zauberschlag vereinigt; der Geist von Oben hatte sie zur That zusammengeführt. Zum ersten Mal in ihrem Leben sahen sie sich, waren aber im ersten Augenblick bekannt und vertraut, liebevoll verbrüdert. Kein Mißklang, kein leises Befremden, überall das tiefste Verständniß der Einigung, der Kraft, der Liebesmacht des Glaubens. Jeder, der diesem ersten Auftreten der freien Association der Katholiken Deutschlands anwohnte, mußte sich gestehen, daß ihn in seinem Leben nichts so gewaltig ergriffen habe. Bischof Kaiser von Mainz saß der Tribüne gegenüber; unter denen, welche die Rednerbühne bestiegen, ragte derjenige vor Vielen hervor, der bestimmt war, sein Nachfolger zu werden auf dem Stuhle des hl. Bonifacius: Emanuel Freiherr von Ketteler, damals Seelsorger armer Leute in Hopsten. Beda Weber schrieb in jenen Tagen von ihm: „An diesem entschiedenen Geiste ist die deutsche Nation in ihrer Gesammtheit, in ihrer Geschichte, in ihrer katholischen Gesinnung noch frisch und lebendig; er trägt das große muthige deutsche Volk mit dem unermeßlichen Frühling seiner Tugenden warm in seiner Seele und aus dieser Einigung fließt der eigenthümliche Stolz seiner Rede, die in den Errungenschaften der Märztage die Mittel sieht, den Dom der deutschen Kirche auszubauen, früher und herrlicher als den Dom zu Köln. Eine hohe mächtige Gestalt, mit scharfgeschnittenem Gesichte, auf dem sich furchtloser Thatendrang ausspricht, gepaart mit altwestphälischer Treue für Gott und Kirche, für Kaiser und Reich: — da Freiherr von Ketteler sprach, wirkte sein Wort mit unwiderstehlicher Macht auf die Zuhörer, die nur den Widerhall ihrer eigenen Herzen vernahmen." Den Eindruck machte damals der Mann, auf den jetzt die Katholiken Deutschlands als auf ihren Oberfeldherrn schauen.

Auch Beda Weber hat gesprochen; er war noch nicht Stadtpfarrer in Frankfurt, sondern Professor in Meran, weilte aber als Mitglied der deutschen Reichsversammlung in Frankfurt und war, wie viele andere katholische Abgeordnete des Parlaments, nach Mainz zur ersten Katholiken-Versammlung gekommen. Auch sein Wort zündete und erregte gewaltige Begeisterung. Markig und körnig, mitunter auch scharfkantig und derb, wie er war, der starke Sohn der Berge, ein Kernmann und Charakter, der Allen Achtung einflößte, kam er gerade zur rechten Zeit aus der Einsamkeit seiner Berge und seiner Zelle auf die große Welt-Arena, um hervorragend Theil zu nehmen an den Kämpfen der Zeit und ihr Geschichtschreiber zu werden. Ein Meister in der Charakterschilderung hat er uns die prächtigsten Bilder aus der Paulskirche und dem deutschen Kirchenleben gezeichnet. Gleich vorzüglich als Prediger, Dichter, Geschichtschreiber, Publicist verband Beda Weber mit dem tiefen kindlichen Gemüth und dem fein gebildeten Sinn für Schönheit und Kunst eine unerschütterliche Kraft, eine unermüdliche Kampfbereitschaft für das Wahre und Gute. Seine ausgebreitete und gründliche Gelehrsamkeit kam ihm überall zu Statten. Seine Schriften las ganz Deutschland und für uns Jüngere, die wir unter dem Eindruck dieser Schriften aufgewachsen sind, ist Beda Weber ein vielseitig anregender Lehrer und Meister geworden.

Döllinger von München war gleichfalls in Mainz bei dieser ersten Generalversammlung; er sprach im Namen der 23 Frankfurter Deputirten und führte aus, daß die Errungenschaften der Katholiken in der Paulskirche nothwendig zur völligen Unabhängigkeit der Kirche und Schule führen würden. Der gelehrte Stiftspropst hielt auch im Mai 1849 bei einer Versammlung der rheinisch-westphälischen Piusvereine zu Köln eine Rede, welche damals „zu den besten, gediegensten und zeitgemäßesten auf dem Felde der deutschen Beredtsamkeit" gezählt wurde; Döllingers Rede auf der dritten Generalversammlung in Regensburg im October 1849 wurde als eine der wenigen trostreichen und erfreulichen Erscheinungen in der traurigen Zeit begrüßt; es war eine Rede nach Form und Inhalt im ganzen Sinn des Wortes, welche mit wissenschaftlicher Ueberzeugungsgewalt wirkte und die deutsche Rednerehre rettete. Man sollte diese Thätigkeit Döllingers bei den ersten Generalversammlungen nicht vergessen. Ehre und Dank dem großen Meister im Reiche des Wissens, daß er mit die Fundamente des Werkes gelegt hat; den Weiterbau konnte er getrost Andern überlassen.

Noch sprachen in Mainz von den 23 Reichstags-

Abgeordneten: Osterrath von Danzig, von Bally aus Schlesien, A. Reichensperger aus Köln, Professor Sepp aus München, Professor Knoodt aus Bonn; bedeutenden Eindruck machte Förster aus Breslau, damals Canonicus der Metropolitankirche Schlesiens, jetzt Fürstbischof einer der sieben größten Diöcesen der Welt. Deutschland verehrt ihn als seinen vorzüglichsten Kanzelredner. Einer, der Förster in Mainz vernommen hat, schreibt: seine Seele scheint so zart besaitet, daß sie in jedem Lufthauch dieser Welt wiederklingt und da die Winde öfter rauh anwehen, so ist der Ton tiefer Wehmuth am Redner verzeihlich. Er stellte sich in seinem Vortrag mitten in den Tumult der Zeit und vermißte mit innigem Herzweh die Versöhnung der widerstrebenden Elemente. Er kann nicht glauben an eine bald fertige Neugestaltung der Kirche und des Staates in vollständig freier Entwickelung; ihm tönt es beständig wie das Rauschen eines Gottesgerichtes, durch welches die Priester gehen müssen für ihre Unterlassungssünden im heiligen Dienste, durch welches die Laien gehen müssen für ihre Lust an wasserlosen Pfützen. Im Metall der Stimme des Redners liegt eine süße Melodie, die allgewaltig an's Herz bringt und lautet wie Sonntagsglockenklang, um alle Geister zu wecken für die Ueberzeugung, die aus dem tiefen Grunde der Seele aufwallt. Er ist ein Redner mit Honiglippen, dem man an das Herz fallen könnte zum Dank für die schöne volle Gestalt einer gläubigen gottgeopferten Seele.

Die berühmtesten Namen unter den anwesenden

Frankfurter Deputirten waren: Arnbts aus München, Aulicke aus Berlin, Flir aus Landeck, Kutzen aus Breslau, v. Linde aus Darmstadt, Hermann Müller aus Würzburg, Stülz aus St. Florian, Thinnes aus Eichstädt, Vogel aus Dillingen.

Der edle Freiherr **Heinrich von Andlaw** aus Freiburg im Breisgau war ebenfalls in Mainz bei der Grundsteinlegung des großen Werkes der deutschen Katholikenversammlungen anwesend. Durch 16 Jahre hat der ritterliche, stets opferwillige und hingebende Kämpfer unserer Kirche dieß Werk nach Kräften gefördert und wird uns noch öfter in diesen Blättern begegnen. Präsident der Mainzer Versammlung war Ritter **Franz Joseph von Buß** aus Freiburg im Breisgau. Buß ist der Vater der Piusvereine, des katholischen Vereins für Deutschland, der deutschen Katholikenversammlungen; das Zustandekommen der ersten Mainzer Versammlung ist größtentheils sein Werk, er hat auch in den geschlossenen Sitzungen die Grundsätze festgestellt, nach welchen sich der katholische Verein über ganz Deutschland verzweigen und zu segensreicher Macht erstarken soll. Im Jahre 1848 stand Buß im vollen Reichthum seines Geistes und so ganz unausgeschöpft auf dem Kampfplatze. Ganz Deutschland kannte seine Schriften, sein Wirken, seine Leiden, seine Kämpfe. Und in Kämpfen war er wohl erfahren; hatte er doch eine strenge Schule durchgemacht und trug er an sich die Narben eigener Leidenschaft wie die Spuren von zersplitterten Lanzen seiner Gegner. Zum Agitator und Volksmann geboren, ein Mann der

Begeisterung und der Ideale, der Kühnheit und der raschen That, unerschrocken, voll des stürmenden Dranges vereinigt er mit nie ermattendem Feuereifer die größte persönliche Opferwilligkeit; er besitzt ein umfangreiches Wissen, eine bilderreiche Sprache, einen großen Reichthum an Schlagwörtern und die Gabe der Improvisation. Für die Freiheit und Unabhängigkeit der Kirche hat er seiner Zeit eine so unermüdete, umfangreiche Thätigkeit entwickelt, daß ihn jüngst ein Meister im Zeichnen von Charakterköpfen den Ritter Bayard der Kirche unserer Tage genannt hat. Beim ersten großdeutschen Congreß zu Frankfurt a. M. 1862 im October sah und hörte ich Ritter von Buß das letzte Mal. Noch immer die imponirende Gestalt, derselbe muthige herrschende Blick, das feurig-patriotische Herz, die lebhafte Phantasie, die Stimme von eiserner Kraft in der ehernen Brust; seine Reden haben stets den Zauber eines tieferregten, machtvoll eindringenden Geistes. Sein Haar ist jetzt gebleicht, das einst schöne Antlitz ist durchfurcht; Buß steht im Herbste seines Lebens. Blickt er aber auf das katholische Deutschland und gewahrt er den Reichthum an kirchlichen Schöpfungen aller Art seit 16 Jahren, so mag ihm solcher Anblick den Lebensabend im mildesten Schimmer verklären. Auf Herrn von Buß findet Anwendung das schöne Wort des britischen Dichters: „Den würdigsten und bestverfaßten Geistern legt Gott es auf, das Große zu bemeistern."

Noch ist eines Mannes zu gedenken, der nicht mehr unter uns ist, der aber ebenfalls in einer schwierigen Zeit und unter den mißlichsten Umständen Hand an das große Werk des katholischen Vereins in Deutschland gelegt hat, und bis an sein seliges Ende einer der Hauptträger der eigentlichen Vereinsthätigkeit blieb. Ich meine Dr. Moritz Lieber, den „practischen Juristen" von Camberg in Nassau. Er war bereits in Mainz 1848 thätig, dann Präsident der zweiten Generalversammlung in Breslau im Mai 1849, wohnte den ersten sieben Generalversammlungen regelmäßig bei, wurde in Salzburg 1857 abermals Präsident und wußte sich in Köln 1858 mit der liebenswürdigsten Pertinacität der abermaligen Präsidentenwahl zu entziehen. Moritz Lieber war ein geborner Präsident dieser Generalversammlungen; eine imponirende Gestalt, verband er Würde mit Milde, Kraft und Entschiedenheit mit weiser Mäßigung; seine Reden trafen stets den Nerv der Sache. Ein geistreicher Publicist und gewandter Schriftsteller, trug er auch durch seine publicistischen Arbeiten Vieles bei, daß die Welt über Zweck und Bedeutung des jungen katholischen Vereins aufgeklärt wurde; er wurde nicht müde, reichen, fruchtbaren Samen auszustreuen, und alle seine Schriften wirkten wie seine Reden belebend, ermunternd, kräftigend, läuternd und segenbringend. Moritz Lieber wird stets mit Dank und Ehren unter uns genannt sein.

Große Verdienste um die Grundsteinlegung des Werkes der deutschen Generalversammlungen erwarben sich auch die Mainzer Herren Generalvicar Lennig, Professor Riffel, der selige Himioben, sowie Moufang und Heinrich, welche Beide fast allen 16 Versammlungen angewohnt haben.

Es fällt mir schwer, mit der Entstehung der belgischen Katholiken=Congresse so viele berühmte Namen in Verbindung zu bringen.

Die Verhältnisse Belgiens, die politischen wie die kirchlichen, sind im katholischen Deutschland ziemlich bekannt. In Belgien gibt es keine Mittelpartei; nur zwei Banner sind dort aufgepflanzt: das Banner Christi und die Fahne des Antichrists. Diese belgischen Parteien sind daran, ihren politischen Charakter völlig auszuziehen und in voller Nacktheit den Gegensatz Christi und des Antichrists zu repräsentiren. Es ist ein Bruderkrieg auf Leben und Tod. „To be or not to be, that is the question." Die Anhänger des Antichrists wollen die parlamentarische Uebermacht allein dazu benutzen, um die Katholiken zu vernichten, zu zermalmen. Letztere haben ihren Halt im Volk; das belgische Volk ist in seiner ungeheuren Mehrheit gut katholisch, religiös, opferwillig; weder die Freidenker, noch die Solidaires und Affranchis können sich irgendwie auf das eigentliche Volk stützen. Die Führer der Katholischen verstärken Jahr für Jahr ihre Macht, schärfen ihre Waffen, sammeln immer größere Heerschaaren zum heiligen Kampfe für die Kirche. Der Mechelner Congreß bietet Allen den gewünschten Einigungspunkt. Schon die Versammlung von 1863 hat außerordentlich gewirkt: die, welche schlummerten, wurden wachgerufen und die Schwachen wurden ermuthigt; man lernte sich kennen und sich schätzen. Vom ersten Congreß in Mecheln 1863 datirt eine neue Epoche des kirchlichen Lebens in Belgien.

Der belgische Congreß ist eine Nachahmung unserer deutschen Katholiken = Versammlungen. Eine Menge trefflicher Männer haben ihre besten Kräfte aufgewendet, um den belgischen Congreß 1863 in's Leben zu rufen: eine achtunggebietende, dankenswerthe That. Aus Vielen seien vorläufig nur einzelne erwähnt.

Dumortier ist in erster Linie zu nennen. Er ist einer der Redemächtigsten in Belgien, ein schlagfertiger Kämpe, ein Haudegen, wenn man will, dem jederzeit ein Strauß willkommen ist. Dumortier kann begeistern und entzünden, das haben wir 1862 im Kaisersaal in Aachen erfahren; auch er hat das Zeug zu einem Agitator in sich und dieses sein Talent kam ihm sehr zu statten, als er das Seinige beitrug, von 1862—1863 den Congreß zu Stande zu bringen. Wird Dumortier zornig, dann ist es der Zorn eines Löwen, der in ihn gefahren ist und dann wird seine Stimme doppelt gewaltig, um seine Stirne lagert sich's wie Gewittersturm und Tausende reißt er mit sich fort mit Sturmesgewalt, der stürmische Ajar. Nur die edelsten Naturen wachsen in unserer Liebe durch ihren Zorn. Ich sah und hörte Dumortier einmal, da er voll war des heiligen Zornes, und dieser Moment war schön und prächtig.

Ducpetiaur von Brüssel ist die Seele der Mechelner Congresse gewesen. Er verbindet mit einem großen Organisationstalente eine glühende Begeisterung für alle katholischen Vereinssachen und widmet ihnen alle Tage und alle Stunden des ganzen Jahres: kein Opfer ist ihm zu groß, keine Mühewaltung zu anstrengend, wenn nur das gute Werk gefördert wird.

Als General-Secretär steht er mit den Autoritäten und Celebritäten des katholischen Europas in beständiger Verbindung: seinem Rufe sind die Ausländer nach Mecheln gefolgt. Ducpetiaur leitete eigentlich den Congreß, der Präsident hatte ihm den größten Theil der Directionsgeschäfte übertragen. Umsichtig und scharfblickend, hat er die Gabe der schnellen Auffassung, der raschen Vermittlung, ohne gerade ein großer Redner zu sein. Gerne fügt sich die größte Versammlung seinem Worte. Wir kennen Ducpetiaur auch in Deutschland, denn zu Aachen 1862 und zu Würzburg 1864 war er in unserer Mitte und seine liebevollen begeisterten Worte, die er in letztgenannter Stadt sprach, werden wir sobald nicht vergessen. Er ist eine internationale Persönlichkeit, ein Mann des neunzehnten Jahrhunderts. In der Theilnahme an den Bewegungen der Zeit, deren leitenden Ideen und im Verkehr mit den hervorragenden Personen des Zeitalters zeigt sich allezeit die ganze Bedeutsamkeit eines Menschen. Das katholische Deutschland könnte sehr wohl einen Mann wie Ducpetiaur, d. h. einen General-Secretär für alle Vereinsangelegenheiten brauchen.

Vicomte de Kerckhove ist ferner hier zu erwähnen. Ihn ziert eine reiche weltmännische Bildung, er kennt die Völker Europa's und ihre Sprachen genau, auch in unserer Muttersprache drückt er sich geläufig aus, was er in Würzburg bewiesen hat. Er ist ein Mann von Geist, Kraft und Klugheit und sein Auftreten hat etwas Brillantes an sich; ich möchte ihn den Redner der Zierlichkeit heißen. Seine Reden sind reich an feinen Wendungen, die Form ist geläutert; die Stimme hat etwas Durchdringendes, Scharfmarkirtes, klingt aber gleichwohl weich und melodisch an. In Belgien wird der eble Vicomte als Redner neben Dechamps und Dumortier genannt. Die Lieblingsidee, für welche er leibt und lebt, ist die engste und innigste Vereinigung der Katholiken aller Länder. Er gibt dieser Idee mitunter wohl auch so nachdrucksam Ausdruck, daß er mißverstanden wird; aber die Idee an sich ist gewiß berechtigt und kommt im Zeitalter Pius' IX. in der That einer gewissen Realisirung nahe.

Es ist Zeit vom Baron von Gerlache zu sprechen. Er war 1863 und 1864 Präsident des Congresses in Mecheln. Wäre es hier am Orte, Biographien zu schreiben und die Lebensschicksale der einzelnen Männer zu recapituliren, welch' ein thatenreiches Leben hätte ich zu schildern! Baron Gerlache repräsentirt die Geschichte Belgiens seit 1830; seit mehr als 40 Jahren steht er an der Spitze der belgischen Katholiken. Er gab 1831 mit Andern die Constitution, jenes Werk der Transaction und des politischen Eklekticismus, das damals allen Parteien genügte und auch allen legitimen Interessen gerecht werden konnte. Gerlache hat sich stets als ein treuer Wächter dieser Constitution erwiesen; in seinem Herzen schlägt das Herz von Belgien. Er ist vor Allem Staatsmann und Historiker. Aber auch die Kirche liebt er, die ganze große heilige Kirche. Wenn Baron von Gerlache spricht, horcht ganz Belgien auf dieß Wort und seine Reden werden manchmal politische Thaten. Er spricht mit Würde und Maß, mit

Umsicht und Klugheit; der Verstand behält immer die Zügel in der Hand, die realen Zustände finden allezeit die gebührende Berücksichtigung. Ein 72jähriger Greis, wird der edle Baron nicht mehr so gut verstanden, wie in früheren Jahren; für eine Versammlung von 6000 ist diese Stimme bereits zu schwach. Aber sie hat etwas so feierlich Ernstes, so ergreifend Rührendes an sich, daß bei der lautlosen Stille der Vortrag ungemein fesselt; seine Sprache trifft mit sicherem Tacte und hin und wieder steigert sie sich bis zum Ausdruck des Heldenthums. Baron von Gerlache ist von den belgischen Katholiken geliebt wie einst O'Connell von seinen Irländern, ist geachtet wie Joseph von Görres in Deutschland, er ist der Gottfried von Bouillon im großen belgischen Kreuzzug des 19. Jahrhunderts. Nie steht ein großer Mann einsam; bei näherem Zusehen findet man immer um ihn Andere stehen, die auch eines Postamentes werth sind, wenn auch Keiner von ihnen jenem Einen völlig gleichkommt. So stehen neben Baron Gerlache manche mächtige, ehrfurchtgebietende Gestalten: Graf de Theur, ergraut in politischen Kämpfen, hochherzig und gedankenkräftig und erfahren in der schweren Kunst zu regieren; Baron della Faille, voll Adel und Würde im ganzen Benehmen und von herzgewinnender Milde, jede Miene deutet auf Ruhe, Maßhaltung und würdigen Tact; Senator Vicomte Bethune von Gent, ein ehrwürdiger Greis, dessen Antlitz die Frömmigkeit so anmuthig verklärt, der ein Leben voll der reichsten Erfahrung hinter sich hat; General Capiaumont, ein

Mann wie aus Granit gehauen, ein vornehmer Geist. Diese ehrwürdigen Männer saßen neben Baron Gerlache am Präsidententische. Gleicht nicht jeder von ihnen einem Palaste, aus dessen oberstem, prächtig ausgestatteten Stockwerke man eine wundervolle weite Aussicht genießt? aber auch die Mittelräume sind herrlich verziert und imposant ist der Eingang. Solche Männer mehrere Tage hintereinander nur zu sehen und zu hören, erfreut und begeistert und hinterläßt unaustilgbare Eindrücke.

Dechamps, der mächtige Dechamps, der Löwe von Flandern und Brabant, darf nicht übergangen werden. Er ist wohl das beste staatsmännische Talent in ganz Belgien, tapfer wie Achill und im Stande, die Liberalen in Zittern und Beben zu bringen. Dechamps war eine der vorzüglichsten Zierden des letzten Congresses: sein Erscheinen elektrisirte, seine wenigen Worte vor Beginn der Versammlung erregten einen Sturm der Begeisterung; er versteht es, glückliche und verwegene Gedankenblitze in eine Versammlung zu werfen.

Ich kann Joseph de Hemptinne von Gent nicht vergessen. Er ist ein reicher Fabrikherr, hat Tausende von Arbeitern und stellt sich der guten Sache mit Hunderttausenden von Franken zur Verfügung; er wird wohl auch um das Zustandekommen des Mechelner Congresses seine Verdienste haben. Bei de Hemptinne geht es den Arbeitern wohl, denn er sorgt wie ein Vater für sie und zwar für ihre leiblichen wie für ihre geistigen Bedürfnisse, er geht mit ihnen zur Kirche, betet mit ihnen den Rosenkranz, empfängt mit ihnen die hl. Sacramente. Das heißt die sociale Frage practisch lösen. De Hemptinne hat ein großes Herz für Vaterland und Kirche; sein feingeschnittenes Antlitz spiegelt wieder den wohlgeordneten Seelenhaushalt, mit dem die Religion ihn ausgestattet hat. Ich bin selten einer so liebenswürdigen Persönlichkeit begegnet, als Joseph de Hemptinne von Gent ist.

Noch sei Perin erwähnt, Universitäts-Professor in Löwen, der Welt als Schriftsteller bekannt, beim Congreß hervorragend durch die Tüchtigkeit in der Geschäftshandhabung. Ein reich ausgestatteter Geist und harmonisch abgerundet, einen eigenthümlichen Zauber um sich verbreitend. Aus den schönen, feurigen Augen strahlt die Klarheit der Weltanschauung, die hohe Stirne trägt das Siegel überlegener Geistesobmacht offen zur Schau. In Rede und Thun zeigt Perin, daß er mit den Chariten befreundet ist; dürfte es geschehen, so würde ich ihn den Doctor elegantissimus nennen.

Graf Villermont von Brüssel ist in Deutschland als Geschichtsforscher geachtet und wohlbekannt. Auch er hat in Mecheln vielseitige Thätigkeit entfaltet. Dem edeln Grafen haben allerdings die Grazien keine Wiegenlieder gesungen; es herrscht bei ihm mehr das Martialische vor. Sein ganzes Auftreten hat etwas an sich, daß ich immer wieder an die Wallonenregimenter Tilly's und des Pappenheim denken mußte — Graf Villermont als Oberst an der Spitze eines derselben. Um so mehr ist es zu bewundern, daß der Graf nicht allein vortreffliche historische Forschungen treibt, die katholische Presse Belgiens mit großen Opfern unterstützt, sondern sich auch um die kleinsten wie um die höchsten Aufgaben und Probleme der christlichen Charitas kümmert und unermüdlich an der Verbesserung der socialen Verhältnisse in seinem Vaterlande arbeitet. Hätten wir in Deutschland zwölf Grafen Villermont! Das Edelweiß und die Alpenrose gedeihen nur auf den Höhen, in reiner, sonniger Bergluft. Msgr. de Ram, Rector magnificus der Universität Löwen, repräsentirte auf dem Mechelner Congreß die belgische Wissenschaft; seit die Löwener Universität besteht, lenkt er sie mit fester, sicherer Hand. Mit freudigem Stolz blickt Belgien auf ihn. Viele überragt er, vielleicht Alle, er steht auf dem breitesten Piedestal. Die ihm verliehene Macht ist groß; daher wohl diese olympische Ruhe, die um sein Wesen ausgegossen ist; de Ram erschien mir immer als die personificirte Magnificenz. Doch schließt sie im geeigneten Momente die Volubilität und die Gentilezza des römischen Prälaten nicht aus.

Noch wären der Namen viele zu nennen; alle von gutem Klang in den schönen Niederlanden. Wir werden indeß ihren Trägern besser anderwärts begegnen.

Die Physiognomie der belgischen Katholiken-Congresse ist etwas verschieden von jener der deutschen Generalversammlungen. Der Mechelner Congreß ist viel zahlreicher besucht als der deutsche. Wir sind bei unsern 16 Versammlungen noch nie über 1500 Deputirte hinausgekommen; die Frankfurter Versammlung 1863 zählte kaum 600 Mitglieder, die von Breslau

1849 nur 200 Deputirte. In Mecheln betrug die Zahl der Theilnehmer im Jahre 1863 schon an 4000, 1864 stieg sie auf 5000 und darüber. Das sind also nicht einige Bataillone, das ist bereits eine Armee, eine Armee voll Enthusiasmus und heiliger Streitlust, und unwillkürlich denkt man im Anblick dieser Tausende an jene Schaaren von Auserlesenen, welche Graf Robert von Flandern und Herzog Gottfried von Bouillon zu Ausgang des elften Jahrhunderts aus Lothringen und den Niederlanden ausführten, um Palästina und die heilige Stadt Jerusalem zu erobern. Oder man erinnert sich an die große Versammlung in Clermont in der Auvergne (Nov. 1095), welche die Mutter der Kreuzzüge geworden ist. Dort wurde die aus Geistlichen und Laien bestehende Versammlung durch das mächtige Wort Papst Urbans II. so hingerissen, daß die Tausende riefen: Deus lo volt, Gott will es, Gott will es! und die Meisten das Kreuz nahmen. Die activen Theilnehmer solcher Congresse sind in ihrer Art die Kreuzfahrer des neunzehnten Jahrhunderts; denn sie alle kämpfen mit den Waffen der Zeit den guten Kampf im Kreuzzug gegen die Alles erdrückende Tyrannei der Lüge und des Bösen.

Belgien ist ein kleines Land und Mecheln der günstigste Eisenbahnstern dieses Landes; es ist ein katholisches Land mit sehr zahlreichem Ordens- und Weltklerus. Belgien ist ein internationales Land, die Lombardei des Nordens; von jeher war die belgische Ebene nach Lage und Bodengestaltung das vermittelnde Gebiet zwischen romanischem und germanischem Wesen, sie war das Passageland nach England. So läßt sich von Deutschland, Frankreich und England gleich bequem nach Belgien gelangen. Und dann ist Belgien von jeher der Schauplatz vieler großen Schlachten zwischen Deutschen und Franzosen gewesen, warum sollten nicht auch dort die geistigen Schlachten für die Freiheit der Kirche ausgekämpft werden? So begreift sich leicht die hohe Zahl der Congreßbesucher. Auch ist in den Tagen des Congresses Alles in Mecheln, was die Kirche Belgiens an geistiger Kraft, an hervorragenden Persönlichkeiten, an glänzenden Talenten besitzt, im geistlichen Stande und unter den Laien. Keiner bleibt zu Hause, alle Waffenbrüder sind beisammen; jeder wünscht sich neu zu stärken zum großen Kampf und fruchtbar angeregt zu werden, denn so eine Mechelner Congreßwoche wirkt in ähnlicher Weise, wie eine Woche geistlicher Exercitien.

Nicht so in Deutschland. Unser Vaterland ist gar vielmal größer als Belgien, es bestehen ganz andere Entfernungen. Auch tagen wir nicht jedes Jahr an demselben Ort in Mitten des Reiches, sondern wir haben Wanderversammlungen. Wenn unsere Vereine nun an den westlichen Grenzen zusammenkommen, wie in Freiburg, Trier und Aachen, welche weite Räume haben die Deputirten von Osten zu durchfliegen! Auch wird es in Deutschland schwerlich dazu kommen, daß die zahlreichen Eisenbahngesellschaften für die Mitglieder der katholischen Vereine die Fahrpreise um die Hälfte er-

mäßigen, wie dieß die belgische Staatsbahn gethan
hat. Unsere Muttersprache, für den Nichtdeutschen so
schwer zu erlernen und noch schwerer zu verstehen,
wird für die Romanen, deren starke Seite eben die
Sprachenkunde nicht ist, allezeit ein Hinderniß der Betheiligung an unsern Generalversammlungen bleiben.

In Deutschland erscheint deßhalb auf den Generalversammlungen nicht Alles, was der ecclesia militans
gehört; es sind nur die Abgeordneten von größeren
Kreisen, die zusammenkommen, die weitaus größere
Mehrzahl der Streiter muß zu Hause bleiben. Bei
uns liefert der Volksstamm oder die Diöcese, in deren
Mitte die Stadt der Versammlung liegt, stets das größte
Contingent. Doch sind bei jeder unserer Versammlungen
alle deutschen Volksstämme repräsentirt und Deutschland, das Herzland der Welt, bietet ja in seinen **Volks-
stämmen ein Abbild der ganzen europäischen
Völkerfamilie.**

Die Räume des „kleinen Seminars" in Mecheln,
in welchen der belgische Congreß abgehalten wird, sind
allerdings sehr groß und zweckmäßig disponirt; sie vermögen 6000 Menschen aufzunehmen. Aber sie öffnen
sich nur den Besitzern der sehr kostspieligen Congreß-
karten; für anderes Publikum ist kein Raum, ganz
wenige Plätze sind den Frauen reservirt. Die deutsche
Generalversammlung aber, die von Stadt zu Stadt
wandert, wünscht und ermöglicht vor Allem eine recht
zahlreiche Betheiligung der Bevölkerung jeder Stadt,
in der sie tagt; sie hat noch in jeder Stadt fruchtbare
Keime ausgestreut. Hier wurde aus Anlaß der Ver-

sammlung ein Kunstverein, da ein Paramentenverein, dort ein St. Vincenz- oder Gesellenverein gegründet, hier ein Casino gestiftet, für manche Stadt war die Generalversammlung der Beginn einer neuen Epoche kirchlich-religiösen Lebens. Und wenn der Stadt eine zahlreiche Betheiligung unmöglich ist, wie das z. B. in Würzburg der Fall war, so wird ein wesentlicher Zweck der Versammlung beeinträchtigt. Der große Mechelner Congreß kann sich indeß nicht auf die Wanderung begeben, denn er ist zu groß; er wird auch nicht jedes Jahr wiederkehren, gleich den deutschen Generalversammlungen.

Der Mechelner Congreß will ebenfalls zunächst eine Laienversammlung sein; er kann aber diesen Charakter fast noch weniger bewahren als die deutsche Versammlung, obwohl auch in Mecheln das leitende Bureau fast ausschließlich aus Laien zusammengesetzt ist. Unter den in Mecheln erscheinenden Laien sind indeß immer sehr viele ausgezeichnete Redner, verhältnißmäßig mehr als in Deutschland.

Der ganze belgische Episcopat wohnte dem Mechelner Congresse bei. Während in Deutschland sich regelmäßig nur der Diöcesanbischof einfindet, andere Bischöfe nur ausnahmsweise der Generalversammlung anwohnen, erschien in Mecheln der Primas von Belgien, Cardinal Stercr, täglich in den Sitzungen und mit ihm kamen die Bischöfe von Brügge, Namur, Gent, Lüttich und Doornik. Die hochwürdigsten Herren nahmen selbst Theil an den Debatten in den Sectionen, und die Rede eines Bischofs, des Monseigneur Dupanloup wurde das Ereigniß des Congresses von 1864, sowie 1863 der Cardinal von England, Wiseman, durch seine Anwesenheit der Versammlung besondern Glanz erwiesen hatte. Jeden Tag wurden die Bischöfe mit einem unbeschreiblichen Enthusiasmus empfangen: ihr Kommen elektrisirte die Tausende. Eine volle Woche sah man täglich die Bischöfe, lebte mit ihnen sozusagen unter einem Dache, sprach mit ihnen; so knüpfte sich noch fester das Band der Liebe zwischen Episcopat, Laien und Klerus.

Und wie zahlreich hatten sich die adeligen Herren aus Flandern und Brabant und ganz Belgien eingefunden! Die ältesten und berühmtesten Namen waren alle vertreten. Der katholische Adel Deutschlands kümmert sich noch immer viel zu wenig um die höchsten und heiligsten Interessen der Menschheit. Wohl hat der rheinisch-westphälische Adel in Aachen, Frankfurt und Würzburg bereits angefangen, ein gutes Beispiel zu geben und sich in ziemlicher Anzahl auf den Katholikenversammlungen eingefunden; immerhin konnte die Betheiligung eine viel stärkere sein. Der bayerisch-fränkische Adel hat sich bisher so viel wie gar nicht an dem großen Werk der Restauration der Kirche Deutschlands betheiligt; den gleichen Vorwurf konnte mit Recht in Würzburg Graf Friedrich von Thun aus Wien dem österreichischen Adel machen. Und doch: welch' ein Segen wäre es für den Adel, wenn er sich enge an die Kirche schließen würde und ihr seine Kräfte zur Verfügung stellte. Eine Regeneration des deutschen Adels selbst würde die Folge sein. Möge es gelingen, alle gesunden Elemente des deutschen Adels mit unserer großen heiligen Sache in Verbindung zu bringen, wie das in Belgien bereits der Fall ist! Der katholische Adel Deutschlands hat an den durchlauchtigsten Herren dem Fürsten Karl von Löwenstein-Wertheim und dem Prinzen Karl zu Isenburg-Birstein entschiedene, talentvolle und begeisterte Führer.

Die Universitäts-Professoren von Löwen betheiligten sich nicht allein in sehr großer Anzahl an dem Mechelner Congreß, sondern sie arbeiteten mit allen ihren glänzenden Talenten in den Sectionen. Da sah man doch wieder einmal warm katholische, der Kirche treu ergebene Gelehrten aus dem Laienstande. Das ist für uns Deutsche bereits ein fast ungewohnter Anblick geworden. Unter den 2000 deutschen Docenten und Professoren an unsern 22 Universitäten, wie wenige finden sich, welche die Kirche ihre Mutter nennen, die nicht angesteckt sind von jenem Gelehrtendünkel, der eine eiskalte Atmosphäre um sich verbreitet! Wo Wissenschaft und practische Frömmigkeit sich verbinden, da gibt es prächtige Männer, herrliche Charaktere und harmonische Erscheinungen, und solcher begegneten mir viele auf dem Mechelner Congresse.

Auf den belgischen Congressen erscheinen die Ausländer in Gruppen; auf den deutschen Generalversammlungen kann höchstens von einzelnen Persönlichkeiten die Rede sein. Zweimal bereits hat Frankreich eine Legion von Auserlesenen nach Mecheln geschickt, 1863 führte die Schaar Montalembert an, der glänzendste Streiter der Kirche in unsern Tagen, 1864 erschienen die Braven unter der Führung des Bischofs Dupanloup, den Viele den Bossuet der Gegenwart nennen. Im August 1863 horchte man in den Tuilerien ängstlich auf die Reden, die im Kleinen Seminar in Mecheln gehalten wurden; denn in Frankreich hat die Despotie das freie Wort geknechtet und ein Congreß der Katholiken Europas wäre in Frankreich eine Unmöglichkeit: der Cäsar würde die Gäste durch seine Soldateska auseinander jagen lassen.

Nächst den Franzosen waren die Deutschen am zahlreichsten erschienen unter ihrem Führer August Reichensperger von Köln; auch eine stattliche Schaar von Engländern gewahrte man, und ihr Sprecher, P. Hermann der Convertit, sprach wie ein Johannes Capistran, wie ein hl. Bernhard, der zum Kreuzzug auffordert. Spanien, Italien, Irland, Ungarn, Polen, Brasilien, Nordamerika, Palästina, das Cap der guten Hoffnung: fast alle Länder des Erdballs waren in Mecheln vertreten.

Freilich war die Versammlung noch immer nicht so groß als die Weltversammlung am 8. Juni 1862 in Rom, als sich um Papst Pius IX. 300 Kirchenfürsten, viele tausend Priester und 40—50,000 Laien aus allen Welttheilen in der Peterskirche versammelt hatten.

Doch geben diese Congresse in Mecheln ein Bild von den größten Versammlungen der alten Zeit, da sich die Fürsten und die Bischöfe, der Adel und die Geistlichkeit versammelten, um gemeinsam das Wohl der Völker zu berathen.

Der Mechelner Congreß ist noch jung; aber das

2*

leitende Centralcomité bewährt eine außerordentliche Geschäftstüchtigkeit. Alles Geschäftliche ist centralisirt in der Hand von Wenigen, während wir in Deutschland mit unsern wandernden Vororten und Localcomités es noch nicht zu einer besondern Routine bringen konnten, da den Localcomités nur zu oft die wünschenswerthe Erfahrung mangelt und unter den regelmäßigen Besuchern der Generalversammlungen nur wenige eigentlich parlamentarische Talente sind. Daß man unvorbereitet kam und unvorbereitet sprach, war zu entschuldigen und war gut bei der ersten Versammlung in Mainz 1848; es durfte aber dieser schwankende, unsichere Zustand nicht bleiben. Die Frankfurter Versammlung 1863 hat eine vortheilhafte Umgestaltung der Generalversammlung in diesem Sinne versucht und angebahnt; aber so lange ein organisirendes und leitendes Centralcomité mangelt, wird es immer noch an billigen Wünschen nicht fehlen. In Mecheln erhalten die Congreßmitglieder eine Broschüre von mehr als hundert Seiten, in welcher für alle Sectionen die mannigfaltigsten Themate zur Besprechung vorgelegt sind; in Würzburg z. B. lag anfangs gar kein Antrag vor.

In Deutschland begnügt man sich, das leitende Bureau aus drei Präsidenten und einigen Beisitzern und Secretären zusammenzusetzen; in Mecheln sitzen vielleicht 50—60 Congreßwürdenträger aus allen Ländern der Welt im Bureau und die Zahl der Ehrenvicepräsidenten steigt bis zum Schlusse der Congreßwoche erstaunlich hoch hinauf. Auf den belgischen Congressen kennt man die sogenannten geschlossenen Versammlungen nicht, welche in Deutschland häufig viel wichtiger sind als die öffentlichen Abendversammlungen mit ihren brillanten Reden. Die Annahme der Sectionsbeschlüsse geschieht in Mecheln in einer allerletzten möglichst kurzen Abendsitzung, welcher kaum der fünfte Theil der Congreßmitglieder beiwohnt. Ein Mangel auf den belgischen Congressen ist auch die gar zu geringe Kenntniß von deutscher Art und deutschem Wesen, von kirchlichem Leben in Deutschland. Freilich, da die Romanen unsere Sprache nie lernen werden, müssen wir Deutsche diesem Mangel selbst abhelfen, müssen nach Mecheln kommen und uns, des Französischen bedienend, in allen Sectionen sowohl wie vor dem ganzen Congreß hören lassen. A. Reichensperger hat in der Section für christliche Kunst das Richtige getroffen: mit voller geistiger Ueberlegenheit für die kirchlichen Principien in die Schranken tretend, errang er Triumphe auf Triumphe und gewann eine Menge Anhänger für seine Kunstprincipien. Die Reichensperger sind allerdings dünn gesät auch in Deutschland; aber wir wären doch im Stande, in jede Section des Mechelner Congresses ein paar tüchtige Kämpfer zu schicken. Wollte Einer beim nächsten Congreß in Mecheln über das kirchliche Leben in Deutschland eine Rede halten, derart, wie es Cardinal Wiseman im Jahre 1863 über England gethan, der würde in der That den Romanen einen großen Liebesdienst erweisen.

Wie dem Allem auch sei, — wir können und sollen Alle noch von einander lernen. Was Mangelhaftes diese Congresse und Generalversammlungen an sich tragen mögen, sie haben für Belgien wie für Deutschland eine neue Aera heraufgeführt; denn in jener Zeitenwende, als im Frühjahr 1848 der Sturm von Westen den Polizei- und Diplomatenstaat mit all' seinen stolzen Burgen und Wällen gleich Kartenhäusern über den Haufen warf, da nahmen sofort die Katholiken die neuerrungenen Freiheiten der Versammlung und Vereinigung, der freien Rede wie der freien Presse mit Entschlossenheit in die Hand, sich ihrer zu Gunsten der Religion und der Kirche bedienend. Dieß Kleinod der Freiheit in den Händen der Kirche wurde Deutschland zum Segen. Und der Zauber dieser Freiheit, errungen nach langer, langer babylonischer Gefangenschaft unter dem allmächtigen Polizeistaat, wirkte so gewaltig, daß Viele die erste Generalversammlung begrüßten als „einen neuen Pfingsttag, als ein großes Sprachenfest, in welchem der Geist, die Kraft und die Liebe des Katholicismus sich offenbarte". Wir Katholiken haben die Sprache der Freiheit gelernt: wir kennen die Macht des Wortes. Und nächst der Freiheit ist es der Zauber der Oeffentlichkeit, der diesen Versammlungen innewohnt. Wer da spricht, spricht im Angesichte der ganzen Kirche, diese Reden widerhallen in allen Ländern. Und Jeder kann zu Worte kommen, der Fürst und der Handwerksmann, der Geselle und der Meister, der Mann, den die funkelnde Weltbildung ziert und der Mann der schlichten Natürlichkeit. Mit freiem Blick kann Jeder sich umsehen in der unmittelbaren Gegenwart und offenbar wird Einem die Höhe und Tiefe der Zeitbildung. Und wie herzerhebend ist die unmittelbare Anschauung gesunder und tüchtiger Charaktere von reichstem Lebensgehalt, der Männer der That und des öffentlichen Lebens, die durch Bildung und Schönheit des Geistes harmonisch abgerundet sind! Das gibt ein großes vielbewegtes, allgemein substantielles Leben, das fördert die einheitliche Gesinnung und das elastische Gemeingefühl: eine allgemeine geistige Verbrüderung entsteht. Große Begebenheiten regen große Empfindungen an und an dem Ruhme des Einen entzündet sich das Selbstgefühl von Vielen. Es ist etwas Farbenprächtiges und Gestaltenmächtiges in unsern Katholikenversammlungen. Zur Umwandlung des Zeitbewußtseins in's Bessere, zur Verallgemeinerung der katholischen Weltanschauung trägt jede dieser Generalversammlungen wesentlich bei: sie faßt alle ernsten und gewissenhaften kirchlichen Bestrebungen zu einer prächtigen Blüthe zusammen; sie gleicht einem Spiegel, welcher das Leben der Kirche der Gegenwart getreu wiedergibt. Der engherzige Particularismus verschwindet und der kirchliche Horizont erweitert sich zu neuen bisher unbekannten Fernen und, heimgekehrt, bewegt man sich nicht mehr im alten ausgetretenen Geleise herum, sondern lebt neuen Ideen. Die Erde bleibt noch lange warm, auch wenn die Sonne den Horizont hinabgestiegen ist. Und indem die Jüngeren die bedeutendsten Wortführer der Zeit vernehmen, werden auch sie begeistert und künftige Thaten bringen wie die Sterne rings um sie hervor unzählig aus der Nacht. Jeder wird sich bewußt, daß man sich Lorbeeren nur ersicht im heißen Kampf mit den Starken.

„Wie in der physischen Natur die Individuen unter die Arten, die Arten unter die Gattungen, die Gattungen in die höhere Einheit sich fügen", sagt Hergenröther, „so ordnen sich in der Kirche der dreifachen Einheit des Glaubens, der Heilmittel und der Regierung fortwährend alle Glieder freithätig unter und mögen sie vom Norden oder vom Süden kommen, von jenseits des Kanals oder vom Rhein, von der Schelde oder von der Donau, von der March oder von der Leitha, sie mögen kommen woher immer, sie finden überall ihre Brüder, sie werden als solche betrachtet, bilden eine Familie, ein Universum, wo Alle eine Sprache reden, alle Lippen ein Gebet, das katholische Gebet beten, Alle um ein gemeinsames Opfer sich schaaren. Jede katholische Versammlung ist ein Inbegriff des unermeßlich großen Ganzen. Und wie in dieser physischen Welt die bunteste Mannigfaltigkeit, die herrlichste Farbenpracht sich offenbart, so sehen wir in der Kirche und in der katholischen Versammlung die größte Verschiedenheit in den Völkern und Stämmen, in tausenderlei Einrichtungen, in Vereinen und Corporationen, in künstlerischen Schöpfungen und Gebilden."

Einige Leser dieser Zeilen tadeln es bereits, daß der Verfasser so Manches zum Lobe seiner Zeitgenossen sagt. Wohl weiß ich es, der Ruhm hat die Augen der Sterblichen zu allen Zeiten wie ein überirdischer Glanz geblendet. Aber ich stehe ja nicht vor jenen armseligen Tagesberühmtheiten, die aus der Gloire ein

Geschäft machen, die da wünschen, daß man ihnen alle acht Tage Weihrauch streue und die es nie lernen, ihre „Ichheit" in den Hintergrund zu drängen; ich stehe im Gegentheil in der Arena katholischer Geister, die durch Ascese geläutert mit dem Dichter sprechen: „Eitler Ruhm ist ja die eitelste der Waaren." An hohen Thürmen habe ich allerdings bisher immer eine besondere Freude gehabt und auf Reisen sie gerne aufgesucht; auch habe ich gelesen, daß St. Hieronymus die bevorzugten Geister seines Zeitalters mit den Cedern des Libanon verglichen hat, die dem geistigen Tempel der christlichen Kirche zum Schmucke und zur Stütze dienten. Ohne ein absprechender Beurtheiler von Charakteren zu sein, will ich nur in kurzen freien Zügen sagen, was ich weiß, gesehen und gehört habe, denn ein besonderes absichtliches Studium habe ich mir nicht aus den Charakteren gemacht; hab' auch nie die bedeutenden Männer übermäßig angeschwärmt. Irre ich hie und da: nun es irrt der Mensch so lang er strebt. Uebrigens ist mir nicht unbekannt, daß in einer schönen Landschaft Licht und Schatten wechseln müssen. Den Vorwurf, daß ich einige Zeilen zum Lobe meiner Freunde und Zeitgenossen geschrieben habe, nehme ich leicht hin, in einer Zeit, in der so maßlos der Cultus des Genie's getrieben wird. Wüßte ich aber, daß auch nur ein Einziger, der in diesem Schriftchen genannt wird, sich verletzt und verwundet fühlte, so würde ich das Manuscript lieber verbrennen, ja die ganze Auflage einstampfen lassen.

Zweites Kapitel.
Kunst.

Die belgischen wie die deutschen Katholiken-Versammlungen haben ihre Sorge und ihre Interessen in hohem Grade der christlichen Kunst zugewandt. Der christlichen, der religiösen Kunst: denn alle Künste haben ihre Lebenswurzel und ihren Ausgangspunkt in der Religion; die Religion, sagt Lasaulx, ist die Seele jedes practischen Thuns, das Wesenhafte im Leben der Völker und die gemeinsame bleibende Grundlage aller wahren Humanität. In ihrem Beginn wie in ihrer höchsten Entwickelung ist die Kunst zu allen Zeiten und bei allen Völkern, im Orient wie Occident, im Dienste der Religion gestanden. Was ist die letzte und höchste Aufgabe der Architectur? Es ist der Tempelbau, der Kirchenbau. Wie hat die Sculptur ihre ältesten und edelsten Probleme gelöst? In der alten heidnischen Zeit durch Götterstatuen, in der neuen christlichen Aera durch das Heiligenbild. So ist bis auf diesen Tag die höchste Aufgabe der Malerei ebenfalls ein Heiligenbild und die religiöse wie die philosophische Historienmalerei. Und verhält es sich etwa anders mit der Tempel- und Kirchenmusik, mit der religiösen Poesie? Wir dürfen es geradezu aussprechen: die Kunst ist der Barometer der geistigen Stufe eines Volkes überhaupt und seines religiösen Zustandes insbesondere. Wo der Glaube ein lebendiger ist, da sehen wir, daß die Menschen diesem Glauben Alles opfern, was sie besitzen an irdischen wie an geistigen Kräften, auf dem Gebiete der Kunst. Wo wir im Gegentheil die Kunst vernachlässigt sehen, da dürfen wir so ziemlich annehmen: es muß im Geistesleben dieses Volkes etwas vorgegangen sein, was nicht naturgemäß gewesen, es muß ein Zwiespalt sich eingedrängt haben, ein Mißton in das Ganze gefahren sein.

Die Generalversammlungen beschäftigen sich mit der Kunst im Dienste der Kirche: mit den Principien des christlichen Kirchenbaus, der religiösen Malerei und Sculptur, mit Kirchenmusik; mit der Kleinkunst und Paramentik und mit Allem, was dazu dient, das Heiligthum würdig zu schmücken; sie haben demnach die höchsten und wichtigsten Probleme der Kunst überhaupt in den Kreis ihrer Berathungen gezogen.

Die Kunst der altchristlichen Zeiten und des germanischen Mittelalters liegt vor uns als eine in sich abgeschlossene Kunst, und wir können darin alle Stadien der Entwickelung, Anfang, Mitte und Ende und den ganzen Entwickelungsgang der das Leben und die Kunst gestaltenden Ideen klar erkennen. In der Kunst des Mittelalters haben wir eine vollendete Kunstwelt vor uns. Wohl hat die Bildungskraft der christlichen Völker angeknüpft an die Völker des Alterthums und auch in Beziehung auf die Kunst verbindet eine ununterbrochene Kette der Ueberlieferung die heutige Menschheit mit der früheren und wir verkennen den Zusammenhang der alten und der neuen Welt auch auf dem Kunstgebiete nicht; aber Niemand kann in Abrede stellen, daß das Bewußtsein der Völker der christlichen Zeit ein ganz anderes ist als jenes der vorchristlichen Völker; denn mit dem Christenthum ist ein ganz neues weltbewegendes Princip in die Geschichte der Menschheit eingetreten. Der Unterschied ist ungeheuer. Was die größten Denker, die bevorzugten Geister der vorchristlichen Zeiten nur ahnen konnten, aber nimmer erkannt haben, das ist jetzt ein Gemeingut geworden aller Völker und aller Menschen. Das Christenthum ruht auf ganz anderen Fundamenten als die waren, auf welchen das Heidenthum sich aufgebaut hat. Das Christenthum hat sich eine selbstständige Kunst geschaffen; es hat Herrliches und Vortreffliches hervorgebracht auf jedem Gebiete der Kunst, die christliche Kunst steht ebenbürtig neben der Kunst des Heidenthums. Nur kurzsichtige und einseitige Beurtheiler können behaupten, daß einzig und allein das, was die Griechen geleistet hätten, vortrefflich sei und sonst nichts mehr. Diese Selbstständigkeit und Ebenbürtigkeit der christlichen Kunst und der christlichen Kunstgeschichte neben der heidnisch-classischen Kunst und Kunstgeschichte wird keineswegs allgemein anerkannt; denn man liebt es nicht, der Kirche ihre Verdienste um die Kunst mit gerechter Wage zuzumessen. Auch mußte die Kunst der letzten Jahrhunderte ihres Fundamentes, der Wahrheit, entbehren. Die Kunst beruht ja auf Wahrheit. Seitdem aber die Völker sich von der falschen Ansicht, von dem Wahne leiten ließen, die Kunst wäre in Florenz wieder erwacht, habe sich von da über das übrige Europa ausgebreitet, seitdem hat die Kunst ihre Selbstständigkeit verloren, sie hat nur mehr nachgeahmt, ist griechisch und römisch geworden und hat rasch dem tiefsten Verfall auf allen Gebieten entgegengetrieben. Die Jahrhunderte der sogenannten Renaissance und des Zopfes haben der Kunstgeschichte die traurigsten Blätter geliefert und das Verständniß für die christliche Kunst getrübt, wo nicht gänzlich vernichtet. Wie lange ist es denn, daß man die Werke der Spitzbogen-Architectur als barbarische Werke betrachtete? Daß man die alten auf Holz gemalten Bilder aus den Kirchen entfernte, zersägte und verbrannte? Daß man aus den Kirchen die auf's Kunstreichste geschnitzten Altäre hinauswarf und die ehrwürdigen Sculpturen altem Gerümpel gleich verachtete? Man glaubte der Kunst einen Dienst zu erweisen, wenn man prächtige Kirchen des 13. und 14. Jahrhunderts dem Erdboden gleich machte. Und das waren nicht die Laien in der Kunst, die so handelten, es waren die Protectoren der Kunst, es waren die Künstler selbst, die theilweise den Ton angaben, theilweise mitgewirkt haben. Man kennt die Denkschrift eines französischen Architecten, welcher darin den Beweis liefert, daß der Dom zu Speyer am besten in ein Magazin verwandelt würde. Und war über die Dome von Köln und Straßburg zu Anfang des 19. Jahrhunderts nicht durch die Franzosen das Todesurtheil bereits gesprochen? Noch 1825 wurden bei der Krönung Karls X. in Rheims bei 200 Köpfe der Statuen an der Kathedrale abgeschlagen; warum? Man fürchtete, durch die Erschütterung der Kanonensalven möchten die Bilder der Façade herunterfallen. Kein

Mensch dachte daran, die Statuen vielleicht etwas zu befestigen. Das Denkmal war ja ein barbarisches. Wer Frankreich kennt, weiß, welch' ein entsetzliches Geschick die Franzosen der Revolution besaßen, den Statuen an den schönsten Kathedralen die Köpfe zu zerschmettern.

Wie weit war man in diesen Jahrhunderten abgekommen vom Verständniß des Kunstschönen? Es ist äußerst demüthigend und niederschlagend für den menschlichen Geist, daß er so lange Zeit solch' falschem Wahn verfallen kann und Jahrhunderte lang die Kraft nicht gewinnt, die schmählichen Ketten abzuschütteln.

Einzelne deutsche Männer haben zu Anfang des 19. Jahrhunderts reineren Kunstanschauungen gehuldigt und fruchtbare Ideen in Umlauf gesetzt. Seit etwa 30 Jahren ist der Kunst des Mittelalters, der kirchlichen Kunst wieder in jeder Weise gebührende Gerechtigkeit geworden. Die Generalversammlungen haben anregend in die Bewegung eingegriffen und manches practische Resultat herbeigeführt.

Beim Mechelner Congreß 1864 war die Section für christliche Kunst sehr zahlreich besucht; wohl an 100 Archäologen und Kunstfreunde aus allen europäischen Ländern hatten sich zu äußerst lebhaften und interessanten Debatten zusammengefunden; 70 Musiker und Freunde der Kirchenmusik hielten außerdem Sitzungen in einem gesonderten Raume. Ich wohnte vor mehreren Jahren der Generalversammlung der deutschen Architecten zu Frankfurt a. M. an, kann aber nicht sagen, daß die daselbst gepflogenen Verhandlungen auch nur das halbe Interesse geboten hätten, wie die Debatten in Mecheln. Als im Herbst 1857 zu Regensburg eine Generalversammlung sämmtlicher kirchlicher Kunstvereine Deutschlands abgehalten wurde, kamen auch ein paar hundert kunstverständige Männer zusammen und damals wurde mit ähnlicher Frische und gleicher Begeisterung verhandelt, debattirt und gesprochen, wie in Mecheln; aber dieser schöne Eifer ist längst erkaltet, der christliche Kunstverein Deutschlands hat keine Generalversammlung mehr gehalten und bei den letzten allgemeinen Katholikenversammlungen in Würzburg, Frankfurt, Aachen ist das Schifflein des Ausschusses für kirchliche Kunst meist auf dem Trocknen sitzen geblieben: die Kunst mußte betteln gehen um Liebhaber und Freunde.

Die Debatten in der Section für christliche Kunst auf dem Mechelner Congreß leitete Vicomte du Bus de Ghisignies. Der edle Vicomte ist eine ritterliche imposante Erscheinung, zum Präsidiren wie geboren. Mag das Gefecht noch so hitzig werden, du Bus wird nie die Ruhe verlieren. Klaren Blicks überschaut er den Kampfplatz; kein Satz, der ausgesprochen wird, entgeht ihm, jeder Combattant kommt zu seinem Rechte. Ist der Vicomte nicht mit den vorgebrachten Ansichten einverstanden, so wird der martialische Schnurrbart noch etwas muthiger gestrichen, als dieß für gewöhnlich zu geschehen pflegt; im Uebrigen unerbittliche Gerechtigkeit. Und der Vorsitzende hat keineswegs eine so leichte Aufgabe. Romanen und Germanen, Engländer und Franzosen, Belgier und Holländer treten abwechselnd in die Arena und manche scharfe Lanze wird gebrochen; Principien ringen mit einander, eingewurzelte Vorurtheile müssen über den Haufen geworfen werden. Aber Vicomte du Bus ist sich bewußt, daß die „Harmonie der Dinge wie die der Töne durch Contrast entspringe" und so hat er in den fünf Tagen der Congreßwoche seiner Aufgabe würdig entsprochen und die Debatten seiner Section sind die fruchtreichsten, lebhaftesten und belehrendsten gewesen.

Neben du Bus saß Professor Cartuyvels aus Lüttich als Vicepräsident der Section, nächst A. Reichensperger entschieden das beste parlamentarische Talent in derselben. Cartuyvels, ein verhältnißmäßig noch junger Geistlicher aus Brabant ist ein Meister in seinem Fache; ebenso erfahren in der Aesthetik und Kunstphilosophie wie im Detail der christlichen Kunstgeschichte kommen ihm seine sonstigen Kenntnisse in der Liturgik, im canonischen Recht und der heiligen Schrift sehr zu Hülfe; er kennt die germanische Kunst und ist auch in Rom gewesen. Jede seiner Reden gibt Kunde von der Begeisterung, mit welcher er der kirchlichen Kunst seine Kräfte widmet. Für die Principien, die er als die richtigen erkennt, tritt er allezeit schlagfertig und furchtlos in die Schranken. Die Vertheidigung wird mit siegesgewisser Freudigkeit geführt und selten, daß er seine Sache nicht siegreich zum Austrag bringt, es sind nur wenig Opponenten, die ihm nicht erliegen! Am liebsten sahen wir's, wenn sich A. Reichensperger und Cartuyvels lanzenbrechend gegenüberstanden. Denn „durch mäch=

tiger Extreme Einung kommt das Wunderbare, Schöne zur Erscheinung."

James Weale repräsentirte in Mecheln England und seine Kunst. Weale lebt allerdings seit vielen Jahren in Brügge und wirkt von da aus für Belgien; aber jeder Zoll an ihm verräth den Engländer. Er ist Convertit und aus der Schule des Canonicus Oakeley in London. Weale ist durch seinen Uebertritt zur Kirche, wie das so oft in England sich wiederholt, zu Schaden gekommen; aber das Opfer hat seine Liebe zur Kirche nur geläutert und gehoben. „Die Trübsal, der er Stand gehalten, hat uns enthüllt des großen Herzens Falten." Wer viele englische Convertiten kennen gelernt hat, weiß, daß die meisten von ihnen ausgezeichnete Menschen und persönlich sehr liebenswürdig sind: auch Weale zählt zu diesen. Seine Principien in der Kunst sind streng, fast exclusiv, aber er hält sie für die allein richtigen. Es ist etwas Fertiges, Abgeschlossenes in seinen Kunstanschauungen und er spricht mit einer Klarheit und Sicherheit, die selten ist. Gilt es, falschen Tendenzen und verkehrten Principien entgegenzutreten, so wird mit den Ausdrücken nicht sehr wählerisch umgegangen, gerne werden die stärksten hervorgeholt. Weale ist der entschiedenste Gegner aller Transaction, aller Unklarheit. Seine Kenntnisse im Kunstgebiete sind enorm; er kennt England, die Niederlande, Deutschland, auch Frankreich und Italien. Für die Beurtheilung von Gemälden ist sein Blick am meisten geschärft. Er wünscht vor Allem, daß der Klerus wieder ganz heimisch werde auf dem Gebiete der hl. Kunst.

Weale redigirt in Brügge eine archäologische Zeitschrift „Beffroi"; er wäre wohl der geeignetste Candidat für den neucreirten Katheder der Archäologie an der Löwener Universität gewesen.

Neben Weale sei sein Freund Bethüne von Gent genannt. Bethüne ist vorzugsweise Glasmaler; als Schüler des berühmten englischen Baumeisters Welby Pugin — der, obwohl er schon mit 40 Jahren starb (1852), doch über 200 Kirchen und Kapellen baute — wendet er in seinen Arbeiten nur die reinsten Formen aus den besten Zeitaltern an und strebt im Practischen nach derselben Correctheit, wie Weale im Theoretischen. Doch fällt es ihm nicht ein, einseitig voranzugehen und die Gegenwart in die Vergangenheit zurückzuschrauben; verständigen Sinnes sucht er das Neue hineinzuweben in das Alte. Mit einer innigen Frömmigkeit verbindet sich bei Maler Bethüne ein reiches Wissen; daher auch die Unterhaltung mit ihm so anregend und belehrend ist. Er liebt Deutschland und die deutsche Kunst, ohne für deren Mängel blind zu sein; ja seine Kritik über die bedeutendsten Werke der modernen Malerei in Deutschland ist sehr streng, oft vielleicht zu herbe. Als Glasmaler bildet Bethüne einen Gegensatz z. B. zu den Münchener Glasmalern. Er schafft nicht große historische Gemälde in die Fenster, wodurch das Fenster als solches seinen Charakter verliert, sondern er bringt das Glasgemälde in Harmonie mit dem Ganzen und ordnet es unter der Architectur. An den Debatten betheiligt sich Bethüne weniger lebhaft als Weale. Bethüne's Bruder, der jüngere F. A. L. Bethüne, Canonicus in Brügge und Professor der Archäologie am dortigen großen Seminar, war ebenfalls ein thätiges Mitglied der Kunstsection. Unter den Franzosen muß ich den alten Laveban zuerst erwähnen. Er ist ein in Frankreich wohlbekannter Publicist, scheint aber an den schönen Künsten einen besondern Geschmack zu finden. Mit einer bewunderungswürdigen Unermüdlichkeit mischt er sich in alle Debatten und er wußte immer angenehm zu sprechen, wenn auch die Erörterungen mitunter zu weitläufig waren. Obwohl vielleicht mehr Schöngeist als eigentlicher Gelehrter, beherrscht er doch die Situation und ließ sich nicht leicht aus dem Sattel heben. Unter Anderm hat er auch der permanenten Kunstausstellung sein beredtes Wort geliehen. Jaumot aus Frankreich steht neben Laveban wie Bethüne neben Weale; Jaumot ist der Practiker, jener der Theoretiker. Jaumot ist einer der besten Maler des künstlerarmen Frankreichs; aber seine trefflichen Cartons konnte er nicht zur Ausstellung bringen, er hat die Protectoren nicht gefunden, deren der Künstler so sehr bedarf. Jaumot beklagt sich auch darüber in der Versammlung und behauptet, daß der Klerus in Belgien viel besser über die kirchliche Kunst unterrichtet sei, als der französische. Ein ganz profunder Archäologe schien mir Carion, ein französischer Abbé, zu sein; alle seine Anträge und Einwürfe zeugten von vielem Verständniß, war auch die Form nicht immer so glatt und zierlich wie bei Anderen. Jedes Seminar darf sich gratuliren, welches solche Professoren der kirchlichen

Kunstwissenschaft besitzt, als die Herren Carion, Bethüne und Cartuyvels sind. Van Schendel aus Antwerpen, ein alter Holländer und Maler des holländischen Stilllebens, trug viel zur Erheiterung in den Sitzungen bei. Gegen jeden Paragraphen machte er Ausfälle, oft ganz keck und verwegen. Wenn's nur angerannt war, ob mit Erfolg, daran war wenig gelegen. Er war das Kreuz des Präsidenten. Van Schendel scheint das Französische nicht sehr zu lieben, denn er zog im Sprechen stets das Holländische vor. Wie oft der Alte auch auftrat, er hat uns Deutsche immer amüsirt, freilich mehr durch die Form als durch den Inhalt seiner Reden. Wie viele Namen wären hier noch zu nennen! Delbig, ein deutscher Maler aus Lüttich, Alfred Geelhand, Leon de Monge, Martin, Isard, Mommaerts von Brüssel, Borbeau, de Fleury, ein besonderer Verehrer des zu früh verstorbenen Flandrin, des größten Malers in Frankreich, Van de Necker, Abbé Huguet, Abbé Van Drival u. s. w.

Ich muß Einen noch hervorheben: A. Reichensperger von Köln. Seit beinahe 25 Jahren kämpft Reichensperger für die ächten Principien der kirchlichen Kunst, nicht allein in Deutschland, wo er als der geistvollste Vertreter der germanischen Kunstweise des Mittelalters verehrt wird, sondern auch in Frankreich und in England. In Köln ist er die Seele des Dombauvereins. In der preußischen Kammer in Berlin hat er jederzeit mannhaft der wahren Kunst das Wort gesprochen; er war Präsident der Generalversammlungen der christlichen Kunstvereine Deutschlands zu Regensburg im Jahre 1857, er trat als Sprecher auf dem Künstlercongreß zu Antwerpen vor ein paar Jahren auf. Er kam auch dieß Jahr nach Mecheln und das war wie bereits erwähnt sehr heilsam für die anwesenden Romanen. Reichensperger liebt es, Widerspruch zu erfahren, ja er ruft ihn hervor, wenn er nicht da ist, denn es ist ihm nicht wohl ohne Widerpart; wozu auch eine Debatte, wenn keine Gegner sind? Genug, in Mecheln hat er Gegner gefunden, aber er siegte über alle. Herzhaft sein germanisches Kunstevangelium verkündend, hat er viele Romanen zu demselben bekehrt. Reichensperger hat schon oft Beifall erfahren und manchen parlamentarischen Triumph gefeiert; — denn er zählte 12 Jahre lang zu den fünf besten Rednern der preußischen Kammer; — ich halte aber dafür, daß er in der Mechelner Congreßwoche 1864 von den Schulbänken des Kleinen Seminars aus die meisten Eroberungen gemacht hat. Das Französisch, das er sprach, mag gerade nicht immer classisch gewesen sein: aber immer fand er das lichtende Wort und das hat die Franzosen bezaubert. Er bindet keine Wortguirlanden, im Gegentheil, Humor und Witz, Ironie und Sarcasmus lösen sich bei ihm einander ab und jeder thut sein Bestes. Die Schlagfertigkeit war für die Combattanten geradezu formidabel. Nach jedem Gang, den Reichensperger machte, entstand ein wahrer Beifallslärm. Es wurde so arg, daß sich ein hohes Präsidium, der in der nächsten Nachbarschaft tagenden ersten Section „Les oeuvres religieuses" veranlaßt fand,

Protest einzulegen und den Jubel etwas zu mäßigen ersuchte.

Aber wovon unterhielten sich denn die Herren die lange Woche hindurch? fragt mich der ungeduldige Leser. Nun die Debatten waren „reich an schönem Wechsel, buntem Allerlei" und die reichste Mannigfaltigkeit streute auf das Gemisch all' ihren Zauber. Erst wurde etwas Aesthetik getrieben und über die dem Menschen ursprünglich eingepflanzten Ideen des Wahren, des Guten und des Schönen Manches philosophirt — vom kirchlichen Standpunkt aus. Es sind nun 102 Jahre, daß Baumgarten, der Vater der Aesthetik, gestorben ist; er gab 1750 und 1758 seine berühmten zwei Bände „Aesthetica" heraus. Wir treiben also bereits über 100 Jahre in Deutschland Aesthetik, haben es aber noch nicht sehr weit in dem Fache gebracht; die ganze ästhetische Wissenschaft hat etwas Ungesundes, Krankhaftes an sich; die unterlegten Principien sind meistens heftig angekränkelt. Daher das Unausstehliche, welches die meisten der Bücher über Aesthetik an sich haben. Das Beste hat in neuester Zeit der selige Lasaulx geliefert; aber eine Kunstphilosophie vom kirchlichen Standpunkt aus mangelt noch; denn die Aesthetik von Dursch ist kein Meisterwerk. Jakobs „Kunst im Dienste der Kirche" hätte sich allerdings zu einem vollendeten Werke auswachsen sollen.

Die Debatten in Mecheln über das Schöne führten auch nicht zu besonderen Resultaten. Practischer war es, daß man den abgeschmackten französischen Bildern und Bildchen den Krieg erklärte. Mommaerts hat in Brüssel den Versuch gemacht, einen Verein zu gründen, der wie der Düsseldorfer Bilderverein nur gute Bildchen verbreiten soll. Meniolle in Paris will mit Hülfe deutscher Künstler das Gleiche auch für Frankreich zu Stande bringen, nachdem bisher Schulgen aus Düsseldorf von Paris aus das Monopol in Frankreich ausgeübt hat. Ich wünsche den beiden Projecten das beste Gedeihen und hoffe, daß es ihnen nicht ergeht, wie dem Frankfurter „Martin-Schön-Verein" 1861, der „kaum er die Aeuglein aufgemacht, versank er gleich in lange Nacht", obwohl er mit viel Getöse war angekündigt worden. Schwerlich wird ein Bilderverein je wieder so viel Nutzen stiften und eine solche Ausbreitung gewinnen, wie der Düsseldorfer Bilderverein. Wir Deutsche kennen bereits die Lehre, daß „manches Congreß-Knöspchen währe noch kürzer als die Ephemere".

Es wurde viel verhandelt über die Anlegung von Museen gleich denen von Sydenham und Kensington in und bei London, über Wandmalereien, Kreuzwege, Kunstausstellungen, Unterstützung der Künstler u. dgl. Die am meisten practischen Beschlüsse waren der, ein belgisches Nationalmuseum in Löwen zu gründen, zu welchem Weale die Versammlung bestimmte und jener, den Thurm der Kathedrale St. Rombaut in Mecheln auszubauen, den Reichensperger veranlaßte. Aber genug.

Die Musiker würden sich vielleicht beklagen, wenn ihrer hier nicht ebenfalls gedacht würde. Canonicus

Devroye von Lüttich hatte in Vereinigung mit Ritter H. Van Elewyk von Löwen im Auftrag des Brüsseler Centralcomité's acht Thesen aufgesetzt und zur Debatte vorbereitet. Diese Propositionen handeln vom Choralgesang, von der Heranbildung tauglicher Organisten, vom Orgelbau, vom Einfluß der religiösen Musik auf das Volk, von der Bildung von Gesellschaften zur Pflege des Kirchengesangs u. dgl. Mit der zu gründenden katholischen Academie soll auch eine Section für religiöse Musik verbunden sein.

Canonicus Devroye führte den Vorsitz in der Section; seine interessanten Vorträge wurden jederzeit mit Beifall aufgenommen. Als Vicepräsident fungirte Dr. Paul Alberdingk-Thijm von Amsterdam, bisher in Löwen. Alberdingk ist ein gründlicher Kenner des Gregorianischen Gesangs und der kirchlichen Gesänge überhaupt, auch mit unserer deutschen Musik bis zu den gewöhnlichsten Volks- und Studentenliedern herab practisch vertraut; er weiß so viele deutsche Lieder unübertrefflich schön zu singen. Der vielseitig gebildete wackere Holländer wird uns noch öfter begegnen. Als Ehren-Vicepräsident der Section wurde erkoren Vervoitte aus Paris. Vervoitte ist ein in Frankreich wohlbekannter Name; er ist der Gründer der Academie für religiöse Musik in Paris, die bereits mit Erfolg und Segen wirkt, so daß die ächt kirchliche Musik bedeutende Fortschritte in Frankreich macht. Ritter Van Elewyk hat in Löwen Alles aufgewendet, um einen Verein für Hebung kirchlicher Musik zu Stande zu bringen: sein Bemühen blieb nicht ohne

Erfolg. Ebenso hat sich in Amsterdam eine Gesellschaft für religiöse Musik gebildet. Es waren mehrere renommirte Orgelbaumeister in Mecheln erschienen, deren practische Rathschläge der Section sehr zu Statten kamen. Ich nenne nur: Cavaillé-Coll aus Paris, Merclin von Brüssel, Loret von Mecheln.

Hohes Interesse erregte P. Hermann, Prior der Karmeliten in London. P. Hermann (Cohen) der Pianist, ein geborener Hamburger, ist dem katholischen Deutschland genügend bekannt. Seine Conversion ist eine der wunderbarsten in der Gegenwart, gleich jener des Alphons Ratisbonne in Rom. So oft ich den P. Hermann in seiner schönen Karmelitertracht sah, mußte ich an einen andern Meister der Töne denken, an Liszt, den in Rom zu bewundern mir Gelegenheit wurde, und an P. Singer, den Franciscaner in Salzburg, der sich selbst das unvergleichliche, geheimnißvolle Instrument geschaffen hat, dessen Wundertöne zu vernehmen wir im Jahre 1857 bei der Generalversammlung in Salzburg so glücklich waren. Während er spielte, waren wir versucht, die Zeit zum Stillstand einzuladen. P. Hermann freilich ist nicht allein ein genialer Musiker; Gott hat ihm noch viele andere Geistesgaben verliehen; seine Erscheinung als Redner insbesondere hat etwas Ueberwältigendes und Hinreißendes: er kann die starrsten Eichenherzen bezwingen. Bruder Egid aus Jerusalem, ein Franciscaner, ebenfalls eine schöne imponirende Mönchsgestalt und ein vollendeter Meister im Kirchengesang, hat in der

Section sehr werthvolle Rathschläge ertheilt. Bruder Julien von Brüssel, der die Organisten für drei Länder heranbildet, betheiligte sich lebhaft an den Debatten. Neben diesem seien noch genannt: Arthur de la Croix aus Tournay, als Schriftsteller über Kirchenmusik bekannt; Abbé Loth von Rouen, der sich um die Fortschritte der kirchlichen Musik in Frankreich verdient macht; Lemmens, Herausgeber des Journals l'Organiste catholique; Emil Laminne von Tongern, welcher die Pflege der kirchlichen Musik in den Seminarien befürwortet und in jeder Diöcese eine Specialcommission für Kirchenmusik organisirt wissen will. P. Faa di Bruno von St. Peter in London sprach über Oratorien, Abbé Deschutter von Antwerpen über die religiöse Musik in den Concerten. Edmund Duval legte der Section eine Broschüre über die Begleitung des „plain chant" vor. Abbé de Mayer, Professor Devoght, Haffenscheid von Amsterdam wußten ebenfalls mit verständigem Rathe zu nützen. Auf Vorschlag des Dr. Paul Alberdingk-Thijm ernannte die Versammlung zu ständigen Correspondenten über die Interessen der Kirchenmusik mehrere der berühmtesten Autoritäten in diesem Fache in allen Ländern Europas. Es wurden ernannt: Meluzzi, Kapellmeister zu St. Peter in Rom, Commandeur Danhini, Secretär der Cäcilien-Akademie in Rom, Don Hilarion Eslava in Madrid, Herzog von San Clemente in Florenz, John Lambert von London, Toinan, Archäolog in Paris, Karl Vervoitte in Paris, Abbé Loth in Rouen,

Bruder Egid in Jerusalem, Prior P. Hermann in London, T. J. Alberdingk-Thijm, Archäolog und Buchhändler in Amsterdam, Pastor Stein von St. Ursula in Köln.

Mit der Verbesserung des kirchlichen Gesangs geht es in allen Ländern sehr langsam voran: man hält noch überall auch in Deutschland mit vieler Zähigkeit an den Ausartungen fest. Und doch ist der gregorianische und harmonisirte Choralgesang so wenig veraltet als die hl. Ceremonien, die Liturgie selbst und die liturgische Sprache oder die Paramente. Welch' ein Reichthum liegt im polyphonen Gesang, welch' eine Vollendung der Form ist darin erreicht! Dabei der heilige Ernst und die gemessene Würde! Der Choralgesang erfordert von den Sängern keine übermäßige Anstrengung. Denn die Stimme hat sich weder in anstrengenden Figuren noch in heftigen Intervallen zu bewegen, überhaupt nicht in so bedeutendem Umfang wie in der neueren Musik. Der Choralgesang erregt nicht jenen gewaltigen Lärm wie die Instrumentalmusik, der so oft für das Haus Gottes ganz ungeziemend wird.

Auch den großen Aufgaben, immer tiefer in das Verständniß der Liturgie einzudringen, der kirchlichen Hymnologie Aufmerksamkeit zu schenken und das Volkslied mit seinem reichen Gehalte zu pflegen, ist man noch nicht überall in so umfassender Weise, als es nöthig wäre, nachgekommen.

Mit einem Worte muß ich hier noch der mit dem Mechelner Congreß verbundenen Kunstausstellung gedenken. Sie war außerordentlich interessant und eine der edelsten und lieblichsten Blüthen des ersten, sowie der schönste Schmuck des zweiten Congresses. Um das Zustandekommen derselben hatten sich die größten Verdienste erworben: James Weale von Brügge, Bethüne von Gent, Canonicus de Bleser und Abbé Delvigne. Man hätte Wochen lang in Belgien reisen dürfen und hätte auch bei den günstigsten Umständen diese zahllosen Werke der mittelalterlichen Kunst nicht auffinden können; in den wenigen Tagen des Congresses ließen sich so die fruchtreichsten archäologischen Studien machen. Eine Beschreibung der ausgestellten Kunstgegenstände kann hier natürlich nicht gegeben werden.

Auch die Werke noch lebender Meister waren ausgestellt und an vielen derselben blieb unser Auge mit besonderem Wohlgefallen haften. Da konnten wir uns überzeugen, daß so vielfache ehrenhafte Anstrengungen, der kirchlichen Kunst würdige Formen wiederzugeben, doch nicht vergeblich gewesen sind. An manchen, ja an vielen Orten hat sich bereits die Kunst wieder mit dem Handwerk vermählt, viele unserer Meister haben das Mittelalter studirt und mehrere wissen bereits ebenso tüchtig zu arbeiten, als die Meister des Mittelalters. Welche wahrhaft glänzende Werke fanden wir zu Mecheln in Erzguß, in der Goldschmiedekunst, in der Stickerei, in der Paramentik! Die erzgegossenen Wandlungs- und Sanctusleuchter, Candelaber und Pulte von Hart in London übertreffen an Stylreinheit und Eleganz die besten alten belgischen Dinanterien; die romanischen und gothischen Ciborien, Kelche, Monstranzen, Altarleuchter, Reliquiarien, Rauchfässer, Prozessionskreuze, Bischofsstäbe u. dgl. von den Künstlern Bourdon de Bruyne aus Gent, Martin Vogeno aus Aachen, Hellner aus Kempen am Rhein, wetteifern an Schönheit mit den schönsten Werken dieser Art im Mittelalter; diese drei Meister sind auch durch Preise und Belobungen vom Congresse ausgezeichnet worden. Von den Bildhauern, welche Statuen ausgestellt hatten, wurden belobt de Broeck und Van Wint aus Antwerpen, sowie Pieckerey aus Brügge; auch Glasmaler Westlake aus London wurde ausgezeichnet. Das Preisgericht setzte sich zusammen aus den Archäologen und Künstlern: Voisin von Tournay, von Bock aus Aachen, Van Drival aus Arras, Felix Bethüne und Johann Bethüne von Gent, Cartuyvels von Lüttich, Weale aus Brügge, Helbig aus Lüttich.

Lambotte aus Lüttich, Reinhold Aasters aus Aachen, Jean Goyers aus Mecheln u. A. hatten Werke der Goldschmiedekunst gesendet. Von Lambrechts-Martin aus Löwen waren Seidestickereien da. Phyffers, ein in London lebender belgischer Bildhauer, und Champigneulle aus Metz hatten hübsche Skulpturwerke nach Mecheln geschafft. Manche Namen sind mir indeß nicht mehr in Erinnerung. Die Deutschen und Engländer haben zu Mecheln im Ganzen den Sieg über die Belgier und Franzosen davongetragen: in der Gießkunst die Engländer, in der Goldschmiedekunst und Paramentik die Deutschen

Friedrich Casaretto von Crefeld hatte eine ziemliche Menge von kirchlichen Gewandstoffen und fertigen Casulen, Fahnen, Velen u. dgl. in den Hof Liedekerke in Mecheln gebracht und vortheilhaft aufgehäuft. Sowohl der belgische Episcopat als der Klerus der verschiedenen Länder widmete diesen Stoffen eine besondere Aufmerksamkeit und sie wurden allgemein als vortrefflich anerkannt; auch von Bischof Dupanloup aus Orleans. In Deutschland erfreut sich Casaretto bekanntlich schon seit 12 Jahren der Anerkennung des Episcopats wie des Klerus. Neben dem Ausgezeichneten fand sich in der Mechelner Ausstellung allerdings viel Mittelmäßiges, Gewöhnliches, hin und wieder sogar noch unglaublicher Zopf. Auch sonst ganz erfahrene Goldschmiede machen noch grobe Verstöße. Sie fertigen z. B. ganz unbrauchbare Patenen. „Die Patene sei allenthalben glatt und ohne erhabene oder tiefe Verzierung, ja sie habe nicht einmal einen tiefer gezogenen Kreis; sie sei durchweg eben." Wie viele Kelche sah man in Mecheln, deren Nobus völlig unpractisch gemacht war! Kelche, die man keineswegs bequem fassen kann, ja welche die Hand des Celebrirenden verletzen müssen. Eine Menge Fehler konnte man auch leicht an der Construction der Monstranzen und anderer heiligen Geräthe gewahr werden, ein Beweis, daß wir noch lange nicht am Ziele sind. Sorgen wir mit um so größerem Eifer, daß die Kunst und das Handwerk wieder in enge Verbindung treten, daß die Meister, welche für die Kirche arbeiten, von den Vorschriften und den Gesetzen der Kirche in Bezug auf die

Kunst die genaueste Kenntniß erhalten und sich nach denselben richten, dann aber auch, daß die Pfleger der Kunst mit den Männern der Wissenschaft immer mehr und mehr in Contact kommen und insbesondere, daß Wissenschaft, Kunst und Handwerk von der Religion durchdrungen und durch die Religion geläutert und geadelt werden. Der Cardinal von England, Erzbischof Wiseman, hat in seiner bekannten Rede 1863: „Berührungspunkte zwischen Wissenschaft und Kunst" sehr beherzigenswerthe Winke hierüber gegeben.

Die Debatten der Kunstsection der Congresse von 1863 und 1864 haben wie gesagt die Folge gehabt, daß in Löwen eine Professur für kirchliche Archäologie errichtet wurde, und daß man in Löwen ein belgisches Nationalmuseum anlegt. Der Ausbau der Mechelner Kathedrale wird nun wohl auch bald in Angriff genommen werden, nachdem ein so energisches und begeistertes Fürwort eingelegt worden ist. Daß auf der Kunstausstellung von Mecheln unsere deutschen Meister die Auszeichnung errangen, ist um so mehr zu betonen, als gleichzeitig auf der Antwerpener Gemäldeausstellung ein deutscher Maler, Ittenbach von Düsseldorf, den Preis von Allen gewann und auf der Brüsseler Ausstellung fast zur selben Zeit der Historienmaler Eduard Steinle von Frankfurt am Main mit den Cartons der Kölnischen Museumsbilder der wahren ächten Kunst Triumphe bereitete, wie dieß Güffers und Swerts, Belgiens bedeutendste Historienmaler, freudig bezeugten. Der Primat der deutschen Kunst ist in den Debatten zu Mecheln von den Repräsentanten aller Nationen wiederholt anerkannt worden.

Gehen wir nun in unser Vaterland zurück.

In der Mitte der Kunstbewegung Deutschlands in der ersten Hälfte des neunzehnten Jahrhunderts steht ein katholischer Fürst, König Ludwig I. von Bayern. Er hat auch der christlichen Kunst wieder zu Ehren verholfen, theils durch die Restauration der Dome von Regensburg, Bamberg und Speyer, theils durch den Neubau der schönen Münchener Kirchen. Selten wurde in gleichem Zeitraume eine so enorme Menge von bedeutenden Kunstwerken hervorgebracht, wie in Bayern unter König Ludwig I. Und wenige Fürsten zählt die Weltgeschichte, welche mit solcher Munificenz alle Künste pflegten. Viele sind der Ansicht, König Ludwigs Beruf wäre es gewesen, nur der christlich-nationalen Kunst seine Liebe zu schenken und so eine Wiedergeburt der wahrhaft nationalen Kunst herbeizuführen; er aber erkannte diesen Beruf nicht als den seinen und schloß auch die Antike in den weiten Kreis seiner Kunstliebe ein. In der Mitte der reindeutschen, christlich-germanischen Kunstbestrebungen stand seit 1842 ein deutscher Kirchenfürst, der Freund des Königs Ludwig, Cardinal Geissel von Köln. Der Kölner Dombauverein gab den gewaltigen Anstoß zu so reichem künstlerischen Schaffen, der Ausbau des Domes zu Köln wurde das Symbol für die Neugestaltung der Kirche Deutschlands und der endlichen Einigung aller Deutschen im Glauben.

So fand die „Generalversammlung der katholischen Vereine" bereits ein mannigfaltiges Kunstleben in der Kirche vor. Frühzeitig hat sie sich der kirchlichen Kunst angenommen; auf der Linzer Versammlung 1850 bildete sich der „christliche Kunstverein Deutschlands" fast zur selben Zeit, als von Mecheln aus der „Paramentenverein" organisirt wurde. Dieser Kunstverein hat sich in wenigen Jahren über alle Diöcesen des Vaterlandes ausgebreitet. Auch hier bewährte sich der alte Spruch: „Aller Wasser König der Rhein, die Donau soll seine Gemahlin sein." Die rheinischen Kunstvereine waren bald die rührigsten von allen und regten die in den Donaulanden an; letztere aber haben zuletzt doch besser ausgehalten und auch Resultate erzielt. Von diesem kirchlichen Kunstverein, einem gar schmucken Kind der Generalversammlung, wurde Verschiedenartiges in's Leben gerufen. Es waren schöne Zeiten, die uns Allen noch gar angenehm in der Erinnerung haften.

Es wurden „Generalversammlungen des kirchlichen Kunstvereins für Deutschland" gehalten; der Kunstverein war souverain geworden. Freilich dauerte diese glorreiche Periode nicht lange. Im Jahr 1856 im September hatte die erste dieser Generalversammlungen in Köln statt; es war nur ein kleiner Anfang, denn die Zahl der Deputirten stieg noch nicht einmal auf 100, und meistens waren es Rheinländer. Immerhin hörten sich die Verhandlungen interessanter an, als jene bei den Versammlungen der sogenannten historischen Vereine, die sich seit

1830 vorab mit celtischen, römischen und germanischen Alterthümern zu beschäftigen pflegen. Selbst mit einer sogenannten Wanderversammlung der deutschen Architekten konnte sich, was den Gehalt der Vorträge betraf, diese erste Kunstvereinsversammlung in Köln bereits messen. Es sollte indeß noch weit großartiger kommen. Im Herbst des Jahres 1857 wurde „die zweite Generalversammlung des christlichen Kunstvereins für Deutschland" in Regensburg abgehalten. Da stieg die Zahl der versammelten Archäologen und Kunstfreunde bereits auf einige Hundert; drei volle Tage wurde in der bauprächtigen Ulrichskirche getagt. In Sectionssitzungen hat man die wichtigsten Themate durchgesprochen und in den Hauptversammlungen fulminante Reden gehalten. Die aus der ganzen Diöcese Regensburg eingesendeten mittelalterlichen Kostbarkeiten fügten sich mit den Schätzen der Regensburger Kirchen zu einer Kunstausstellung zusammen, welche die Rheinländer als magnifik erklärten; Regensburg selbst ist an Werken und Monumenten aus dem Mittelalter eine der reichsten deutschen Städte, sein Dom zählt zu den schönsten der Welt. A. Reichensperger, als Präsident, leitete streng und gemessen die Debatten. An seiner Seite saß **Dr. Franz Streber**, Universitätsprofessor in München. Streber genoß als Numismatiker europäischen Ruf; er war überhaupt ein Gelehrter ersten Ranges. Am höchsten aber schätze ich seine „Geschichte der christlichen Kunst", die bis zu seinem am 21. Nov. 1864 erfolgten Tode leider nicht mehr herausgegeben werden konnte, deren Werth aber Keiner, der bei

Streber Vorlesungen gehört hat, unterschätzt. Mit Illustrationen reich versehen und sonst vortheilhaft ausgestattet, würde diese „Christliche Kunstgeschichte" alle vorhandenen Handbücher entbehrlich machen und dürfte wohl auch für einen langen Zeitraum den Forschungen als Grundlage dienen. Denn wie kein Anderer beherrschte Streber das Gesammtgebiet der christlichen Kunstgeschichte. Möchten wir bald in der Lage sein, dieses Werk des Seligen in die Bibliothek der Classiker des katholischen Deutschlands zu stellen!

Neben Reichensperger aus Köln und Streber von München war Dompropst Dr. Zarbl aus Regensburg das hervorragendste Mitglied der Versammlung. Der gelehrten Welt als Homilet und Redner bekannt, als Reisebeschreiber gerne gelesen und als practischer Seelsorger vielseitig thätig, war Zarbl auch ein Freund und Förderer der christlichen Kunst und mit deren Literatur genau vertraut; sein Haus glich einem mittelalterlichen Kunstmuseum. Er wurde Präsident des Regensburger Kunstvereins. Und in Dompropst Zarbl concentrirten sich viele Eigenschaften eines Präsidenten. Er war eine majestätische, ächt hierarchische Erscheinung, prächtig wandelnd durch die Hallen seines Domes, gemessen in der Rede, im Thun und Lassen abwägend und bedächtig, Allen imponirend, die Meisten übersehend, in der Ferne fast gefürchtet und in der nächsten Nähe der liebenswürdigste Gesellschafter. Dompropst Zarbl ist seit Jahren todt.

Die Seele des Regensburger Kunstvereins war

damals 1857 ein Benediktinermönch aus Metten, der großen Abtei an der Donau, P. Ildephons Lehner, dessen Namen nun bald nicht mehr Hunderte, sondern Tausende von Solchen, die in Metten ihre Studien machten, mit dankbarer Liebe nennen. Als Seminardirector wußte er viele Studenten für die kirchliche Kunst, deren Gesetze er selbst frühzeitig auf's Genaueste kennen gelernt hatte, zu begeistern; aber nicht durch ästhetische Theorien, sondern weit mehr durch practische Anleitung. P. Ildephons schuf in Metten ein Museum von mittelalterlichen Kunstgegenständen, das sich bald zum Diöcesan=Museum erweiterte, er bildete eine aus vielen talentvollen Kunstjüngern bestehende Kunstschule heran, er gründete mit mehreren Freunden den Regensburger Diöcesankunstverein, durch ihn wurden verschiedene kunstschriftstellerische Arbeiten angeregt und vollendet. Sein begabtester Schüler ist wohl Georg Dengler aus Regensburg, der das Zeug zu einem Diöcesan=Architekten in sich hat. P. Ildephons ist auf der Würzburger Generalversammlung 1864 zum Vorsitzenden der Section für christliche Kunst erwählt worden und hat in warmem Vortrag den deutschen Klerus zum eifrigen Studium der Liturgik und der kirchlichen Vorschriften über Kunst ermuntert.

Neben P. Ildephons muß G. Jacob genannt werden; er war längere Zeit neben Dr. Amberger, dem ersten Pastoraltheologen unserer Zeit, und dem seligen Grillmaier, dem frömmsten Mann, der mir in meinem Leben vorgekommen ist, einer der Oberen des Klerikal=Seminars in Regensburg und docirte den Alumnen Kunstgeschichte. Angeregt von Regens Dirschedl in Regensburg und Director P. Ildephons in Metten schrieb Jacob 1857 das Buch „die Kunst im Dienste der Kirche", das zur Zeit des Regensburger Kunst-Congresses erschien. Dieselbe ist unstreitig die edelste Blüthe am Baume des deutschen Kunstvereins, ein vortreffliches Handbuch für angehende Theologen und für Geistliche. Es hat rasch in allen Diöcesen Deutschlands die weiteste Verbreitung erlangt und in den letzten sieben Jahren ist nichts Besseres in dem Fache geschrieben worden. Mit der Herausgabe der Streber'schen Kunstgeschichte und durch eine neue Bearbeitung des Handbuchs von Jacob würde dem deutschen Klerus der beste Dienst geleistet und das fruchtreiche Studium der kirchlichen Kunst außerordentlich gefördert.

Sighart von Freising ist hier zu nennen, denn auch er sprach auf der Regensburger Versammlung und sein „Albertus Magnus", eben erschienen, konnte gleichfalls als Festschrift gelten. Sighart ist der Kunsthistoriker Bayerns mit Auszeichnung; es sind nun 12 Jahre, daß er mit der Geschichte des Domes zu Freising die lange Reihe seiner werthvollen, kunsthistorischen Schriften begonnen hat. Die „Geschichte der bildenden Kunst im Königreich Bayern" 1863 setzte diesem unermüdeten zwölfjährigen Forschen und Wirken die Krone auf. Bayern hat durch Sighart eine Kunstgeschichte erhalten, wie sie kein anderes deutsches Land in dieser Vollendung und Abrundung besitzt. Er organisirte ebenfalls ein mittelalterliches Diöcesanmuseum und brachte alle Schätze der Erzdiöcese zur Kenntniß der gelehrten Welt. Sein Beispiel hat in mehreren Diöcesen Bayerns Nachahmung gefunden.

Himioben von Mainz repräsentirte in Regensburg den Kunstverein seiner Diöcese, den er in's Leben gerufen hatte. Himioben war überhaupt eine der stärksten Stützen des neu erwachten katholischen Vereinslebens in Mainz und ein hervorragender Redner aller Generalversammlungen. Sein Erscheinen hatte etwas Glänzendes und Bezauberndes an sich. Das leuchtende Antlitz, die schön wallenden Haare, eine stattliche Gestalt, die Stimme von bedeutender Klangkraft, das Feuer und die Begeisterung der Jugend — was Wunder, wenn er in so vielen Congreßstädten der Liebling derer wurde, die ihn hörten? „Ich habe das Keimen und Knospen gesehen, Sie werden die Blüthen und Früchte gewahr werden", sprach er zu einem jüngern Freunde im Spätherbst 1860, wenige Wochen vor seinem Tode und er meinte damit die Wiedergeburt des kirchlichen Lebens im 19. Jahrhundert. Himioben trug noch das Seinige bei, daß es zur Restauration des Mainzer Domes kam; die Vollendung sollte er nicht mehr schauen. Wenn er den 20. November 1864 in Mainz noch erlebt hätte, den Tag, an dem mit der Gründung eines neuen großen rheinischen Städtebundes der Schlußstein in das Gewölbe der katholischen Vereine Deutschlands gelegt wurde!

Pastor Stein von Köln sprach in Regensburg über die Kirchenmusik, Professor Reischl von Regensburg über Hymnologie und das Kirchenlied, Dr. Dursch von Rottweil brachte Aesthetisches vor, Wiest trat für den Dom zu Ulm ein. Aber ich will die Namen Aller, die da sprachen, hier nicht aufzählen. Den Preis von Allen errang jedoch nicht ein Redner, sondern ein Meister der Töne, J. Mettenleiter, der mit Canonicus Proske die „Musica divina" herausgegeben hat und in jenen Tagen der Versammlung in der Niedermünsterkirche auch practisch zeigte, was Kirchenmusik sei. Alles wurde hingerissen von der Töne Wundermacht. „Das war ein Chor, Accorde machtvoll, süß und silberrein, man dacht' es müßten Engelstimmen sein!" Regensburg ist die deutsche Hochschule der ächten Kirchenmusik; die Regensburger Domkapelle wetteifert mit der Sixtinischen Kapelle in Rom. Neben Proske und Mettenleiter müssen indeß noch die Namen der Kapellmeister Schrems, Wesselack und Witt genannt werden.

Der Eifer, der in Regensburg 1857 war offenbar geworden, hielt nicht lange an; es hat eine dritte Generalversammlung des christlichen Kunstvereins nicht mehr stattgefunden. Der Kunstverein kehrte wieder zur Mutter zurück, die er ein paar Jahre verlassen hatte, zur „Generalversammlung der katholischen Vereine" und seine Aufgaben und Interessen wurden seit 1858 wieder wie vorher in dem bescheidenen Kreise einer Section berathen. Auf der Münchener Versammlung 1861 war die Betheiligung noch ganz respectabel, aber in Aachen, Frankfurt und Würzburg mußte, wie erwähnt, die Kunst um Freunde und Liebhaber betteln gehen. In Aachen war Religionslehrer Hutmacher, in Frankfurt Professor Steinle Vorsitzender des Ausschusses für Kunst, in Würzburg war neben P. Ildephons vorzüglich thätig Decan Dr. Schwarz von Böhmenkirch in Würtemberg.

Es wurden also seit 1850 Diöcesankunstvereine gegründet und von denselben 1856 und 1857 Generalversammlungen in Köln und Regensburg gehalten. Damit ist indeß noch lange nicht Alles gesagt. Die Mitglieder der kirchlichen Kunstvereine waren auch bestrebt, künstlerische Forschungen anzuregen und selbst solche zu machen. Nach dieser Richtung ist seit 12 Jahren sehr viel Rühmenswerthes in Deutschland geschehen. Der Bozener Kunstverein bringt uns die Entwickelungsgeschichte der kirchlichen Baukunst in Tyrol, deren zweites Heft Karl Atz vor einem Jahre ausgegeben hat; der Linzer Kunstverein ist daran, eine Diöcesan-Kunstgeschichte aufzubauen und hat vor einem Jahre durch Florian Wiener eine Anleitung zur Erforschung der kirchlichen Kunstdenkmäler ausarbeiten lassen. Aehnliches hatten bereits vor vielen Jahren Giefers zunächst für die Diöcese Paderborn, Schwarz und Laib für die Diöcese Rottenburg, Reichensperger (Fingerzeige) für die rheinischen Diöcesen herausgegeben. Der Kölner Verein schuf neben dem Diöcesan-Museum, dem reichsten in Deutschland, auch die Zeitschrift: „Organ für christliche Kunst." Der Regensburger Kunstverein gab durch Jacob das oben erwähnte Buch heraus und verschenkte es an seine Mitglieder. Sighart erforschte die Erzbiöcese München-Freising, Adalbert Grimm von Augsburg bearbeitete die Kunstgeschichte der Augsburger Diöcese.

Manches leisteten Mutzl für Eichstädt, Kotschenreuter für Bamberg, Wieland für Würzburg, Ibach für Limburg an der Lahn, Remling und Molitor für Speyer, Zehe für Münster. Der Kunstverein der Erzdiöcese Freiburg besitzt seit 1862 ein eigenes Organ, das Professor Alzog hervorrief; der Verein der Diöcese Rottenburg schenkte uns das wichtige Werk über den Altar von Decan Schwarz und Pfarrer Laib; sehr thätig ist der Verein im apostolischen Vicariat Luxemburg, der seit 1861 ein eigenes Organ besitzt. Diese Forschungen lehnten sich vielfach an jene der historischen Vereine und an einzelne oft höchst werthvolle Monographien, welche zum Theil weit früher erschienen sind. Fast jeder deutsche Dom hat seinen Geschichtschreiber gefunden. Um nur an Einige zu erinnern: Geissel ist der Geschichtschreiber des Kaiserdomes (1826—1828), Wetter mit Werner der des Domes zu Mainz (1835), Boisserée des Domes zu Köln (1821—1823). Giefers hat dem Dom zu Paderborn, Perger dem Stephansdom in Wien eine Abhandlung gewidmet, Himmelstein den Dom in Würzburg, Kratz den von Hildesheim, Zehe den von Xanten, Sighart den von Freising, Grimm und Allioli theilweise den von Augsburg beschrieben. Eine der gehaltvollsten Monographien ist die dreibändige Geschichte des Domes zu Regensburg von Schuegraf. Noch hat nicht jede Diöcese in Deutschland ihre Schuldigkeit gethan; durch den deutschen Klerus kann und muß noch manches kostbare Material zum Aufbau der deutschen Kunstgeschichte beigebracht werden. Man unterschätze solche Arbeiten und Forschungen nicht; die Kunstwissenschaft weiß Alles zu verwerthen und auch das Geringste am rechten Orte anzubringen. Auch müssen auf diesem Gebiete Katholiken und Protestanten zusammenhelfen, um all' das ungeheure Material zu Tage zu fördern, dessen derjenige Meister bedarf, welcher von Gott berufen wird, das Meisterwerk einer vaterländischen Kunstgeschichte zu schaffen. Gestützt auf die Forschungen der historischen und Kunstvereine konnten bereits mehrere Männer größere Unternehmungen wagen; ich nenne hier: Sighart, Kunstgeschichte von Bayern; Lübke, Kunstgeschichte von Westphalen; Heideloff-Lorenz, die Kunst des Mittelalters in Schwaben; Heider-Eitelberger, mittelalterliche Kunstdenkmale des österreichischen Kaiserstaates; Haas, Kunstgeschichte von Steiermark; Ernst aus 'm Werth, Denkmäler des Niederrheins; Haßler, die Kunst und Alterthumsdenkmale Würtembergs u. s. w. Otte veröffentlicht eine Geschichte der deutschen Architectur, Lotz hat vor einem Jahre eine ausgezeichnete „Kunst-Topographie Deutschlands" in zwei Bänden erscheinen lassen, deren kein Kunstfreund entbehren kann; auch Schnaase nimmt in seiner Kunstgeschichte sparsam Notiz von den Forschungen der kirchlichen Kunstvereine; ebenso das große Künstlerlexikon von Müller-Klunzinger und das noch größere Monogrammisten-Lexikon von Nagler in München.

Ermüden wir nicht in den Forschungen über die Kunst des deutschen Mittelalters, bis das letzte Denkmal aufgefunden und die letzte Inschrift entziffert ist. Bis dahin aber hat es noch weit. Wenn der selige Böhmer, der Verfasser des großen Monumentalwerks „Kaiserregesten" auf seinen Wanderungen durch Europa eine Kaiserurkunde fand, von der bisher Niemand Kenntniß hatte, so machte das dem Forscher eine nicht zu beschreibende Freude. Nicht geringer war der Jubel, wenn einer der Mitarbeiter am Riesenwerke der „Monumenta Germaniae" irgendwo Annalen entdeckte, die man bisher für verloren gehalten hatte. Die gleiche Freude hat aber auch jeder der Kunstforscher genossen, der z. B. eine bisher der Kunstwelt unbekannte romanische Kirche, ein merkwürdiges Portal oder ein anderes wichtiges Denkmal auffand, verstand, erklärte und so die Wissenschaft bereicherte.

Mit dem Ausbau des Domes zu Köln sollte wohl auch der Ausbau der „Deutschen Kunstgeschichte" zu glücklicher Vollendung gedeihen. Feste Grundlagen sind bereits gegeben und manche der Säulen sind ausgearbeitet, welche das Prachtgewölbe tragen sollen.

Durch die kirchlichen Kunstvereine wurden, wie gesagt, auch Organe und Diöcesan-Museen hervorgerufen. Das Centralorgan ist das genannte „Organ für christliche Kunst", seit 1851 von Baudri redigirt. Treue Mitarbeiter des viel zu wenig unterstützten Blattes sind: A. Reichensperger, der fleißige Ernst Weyden von Köln und der gelehrte Dr. van Endert und Canonicus von Bock aus Aachen, zu Zeiten auch Münzenberger aus Düsseldorf. Baudri's Organ nimmt in Deutschland eine ähnliche Stellung ein wie „de dietsche Warande" von J. A. Alberdingk-Thijm in Amsterdam für Holland, „le Beffroi" von James Weale in Brügge für Belgien, und die Annalen von Didron in Paris für Frankreich. Auch für kirchliche Musik existirt in Deutschland ein Organ, die „Cäcilia" in Luxemburg, herausgegeben von Oberhoffer. Pfarrer Ortlieb, zu früh verstorben, hatte schon früher in ähnlicher Art sich versucht, ohne so viel Erfolg zu haben. Das Organ der „Paramenten-Vereine" endlich ist der „Kirchenschmuck", eine Monatszeitschrift in Stuttgart, herausgegeben von Schwarz und Laib. Die Paramenten-Vereine sind über ganz Deutschland ausgebreitet und wirken in aller Stille viel Gutes. Manche Vereine zählen Tausende von Mitgliedern, wie die von Wien und Pesth; der Centralverein in Brüssel und der Pariser Verein arbeiten auch für die überseeischen Missionen. Der jüngste aller dieser Vereine ist der Frankfurter Paramenten-Verein, welcher sich Ende November 1864 in Frankfurt a. M. als Diöcesanverein für die Diöcese Limburg gebildet hat. Unsere deutschen Frauen haben bereits wieder die prachtvollsten Arbeiten in der edlen Stickkunst geliefert.

Man kann den Namen Paramenten-Verein nicht auf die Zunge nehmen, ohne an Kreuser in Köln zu denken. Kreuser, den alten prächtigen Kreuser mit dem schneeweißen Haupthaar, mit der gewaltigen Dose, voll des sprudelnden Witzes und des köstlichsten Humors, wir kennen ihn Alle in ganz Deutschland, denn er fehlte bis 1861 bei keiner Generalversammlung; seit der Münchener Versammlung aber erscheint er nicht mehr, er war nicht in Aachen, nicht in Frankfurt und nicht in Würzburg, — weiß ich es, warum? Schwer ist die Kunst, sich kurz zu fassen, und das gilt für die meisten Redner aus den Rheinlanden, aber die Süddeutschen haben den alten Kreuser immer gerne gehört, insbesondere die Frauen. Wußte er doch die Würde der deutschen Frauen und zumal der deutschen Jungfrauen so eindringend und so unübertrefflich zu schildern, daß ihn sein Freund Herr von Bock den Frauenlob des 19. Jahrhunderts genannt hat. Hatte Kreuser in einer Stadt eine Rede gehalten, so war auch der Paramenten-Verein so gut wie fix und fertig; er eroberte wie im Sturm und das waren nicht Kolophoniumsblitze des Augenblickes, er wußte auf die Dauer zu zünden. Kreuser ist auch Dichter, wie seine Verleger und wir Alle wissen, ein glücklicher Improvisator, der dem verwegensten Knittelversmacher jeden Moment Trotz zu bieten vermag: er hat das in Regensburg, Köln, Salzburg und so oft noch bewiesen. Kreuser ist einer der belesensten Männer in Deutschland und hat zum Verständniß der christlichen Kunst in der Gegenwart sehr viel beigetragen. Es sind nun 20 Jahre, daß seine „Kölner Dombriefe" erschienen; seit 12 Jahren wird sein „christlicher Kirchenbau" studirt. Fehlt auch seinem Styl die Harmonie und Eurhythmie, so wird doch jeder aus der Lectüre der Kreuser'schen Werke reichen Gewinn ziehen.

Neben Kreuser aus Köln muß Franz von Bock aus Aachen erwähnt werden. Er schrieb in zwei Bänden die Geschichte der liturgischen Gewänder, die er mit 200 Abbildungen in Farbendruck erläuterte. Er hätte mit diesem Buch beinahe eine neue Disciplin geschaffen. Mit Schwert und Lanze kämpft er für die Anwendung würdiger Formen bei den kirchlichen Gewändern, geht unerbittlich und unerschrocken auf jeden Gegner los und hat durch dieses stürmische Vorgehen auch manches Resultat erzielt. Vieles verdankt ihm Casaretto in Crefeld, auch die Kunstschule bei den Frauen vom armen Kinde Jesu in Aachen ist theilweise durch Herrn von Bock in's Leben gerufen worden. Und wo in der Welt ist der Doctor von Bock nicht gewesen, die Türkei etwa ausgenommen, die er auch noch ausstöbern will? Wo ist ein mittelalterliches Parament in Europa, dessen Gewebe er nicht untersucht hat und von dem er zu allergenauestem Studium nicht ein „ganz klein Stückelchen" von den Kirchenherren sich verehren ließ? Zu Gran in Ungarn wie in Mecheln, in Böhmen wie in Sicilien, in Rom wie in Paris und Wien, überall hatte man mit Doctor von Bock aus Aachen zu thun. Großes Verdienst erwarb sich von Bock um die Hebung der Goldschmiedekunst am Rhein. Er schrieb werthvolle Monographien über die Stiftskirche zu Kaiserswerth, die Benedictinerabteikirche zu München-Gladbach, über das hl. Köln und die Reliquienschätze in Aachen und Gran u. s. w. Sein Hauptwerk ist: „die Kleinobien des heiligen römischen Reiches deutscher Nation", ein Prachtwerk ersten Ranges, das sich an Glanz und Reichthum der Ausstattung mit Allem, was Aehnliches in England oder Frankreich je erschienen ist, messen kann, in Mecheln allgemeine Bewunderung erregte und im Herbste 1864 von Kaiser Franz Joseph huldvollst angenommen und mit dem Ritterkreuz der eisernen Krone belohnt wurde. Doctor von Bock schreibt einen Styl, der mich immer wieder an die niederländischen Glockenspiele erinnert: ein anmuthig sich wiederholender terminologischer Klingklang.

Einen merkwürdigen Contrast zu Herrn von Bock bildet Decan S ch w a r z von Böhmenkirch, der durch seinen „Kirchenschmuck" den Paramenten=Vereinen unentbehrlich geworden ist. Decan Schwarz ist die Ruhe und Würde selbst in Gestalt wie in Erscheinung, seine Studien gehen in die Tiefe und auf seine Kenntnisse in der Archäologie ist ein sicherer Verlaß; er ist auf den Generalversammlungen hierin wohl Allen überlegen. Sein Einfluß auf den Klerus ist seit vielen Jahren ein bedeutender.

Während die Paramenten=Vereine in ihrer Thätigkeit nicht ermüden, hört man vielfach die Klagen, daß die kirchlichen Kunstvereine in ihrem Eifer sehr nachgelassen hätten. Dieß ist allerdings für einige Gegenden wahr; in manchen Diöcesen aber hat sich der alte Kunstverein in einen Dombauverein verwandelt. Das ist z. B. in Regensburg geschehen. Bischof Ignatius von Senestrey hat von Beginn seiner Regierung an mit aller Energie den Ausbau der Thürme des Domes in Angriff genommen. Da König Ludwig I. die Mittel geschafft hat, wird in wenig Jahren unter der Leitung des Dombaumeisters Denzinger die Kreuzrose beide Thürme krönen. Dompropst Reger steht an der Spitze des Regensburger Dombauvereins. So haben sich auch in Mainz gegenwärtig alle Kunstinteressen auf die innere Ausschmückung und den äußeren Ausbau des Domes concentrirt. Dombaumeister Metternich leitet die Restauration und Director Veit malt die Bilder an die Hochwände und die Wölbungen mit den Malern Lasinsky, Settegast und Hermann. Seitdem im Dom zu Köln die Querwand zwischen Chor und Langschiff gefallen ist, und das unvergeßliche Dombaufest vom 15. October 1863 gefeiert wurde, ist die Baufreude in Köln gesteigert und die Dombaulotterie verspricht auch die Mittel zum Ausbau der Thürme binnen sieben Jahren zu schaffen. Dem Stephansdom in Wien hat Dombaumeister Schmidt eine neue Pyramide aufgesetzt, so daß der Thurm jetzt der höchste in der Welt ist. In Linz baut Meister Statz gleichfalls einen Dom, nachdem er, fruchtbar wie der Engländer Welby-Pugin, bereits beinahe für 200 Kirchen und Kapellen die Pläne entworfen hat. Erzbischof Gregorius von Scheer in München hat die Metropolitan-Kirche zu U. L. Frau daselbst in ein neues Prachtgewand gekleidet, viele Restaurationen hat der kunstsinnige Bischof von Passau Heinrich von Hofstätter vollendet. Unter allen Kirchenfürsten Deutschlands aber bauten die meisten Kirchen der selige Cardinal Geissel von Köln und Bischof Müller von Münster.

Ist es nicht ein erfreuliches Zeichen der Zeit, daß wir die Riesenmünster des Mittelalters vollenden und ausbauen? Zeugt es nicht von Lebenskraft, daß wir Katholiken in allen Ländern der Welt die großartigsten Kirchenbauten im correcten Style unternehmen? Mit den Fortschritten der Kunstwissenschaft schreitet voran das Kunsthandwerk, und wie viele Fehler auch geschehen, in allen Zweigen des künstlerischen Schaffens ist ein stetiger Fortschritt zum Besseren bemerkbar. Nach wenigen Decennien werden fast alle deutschen Dome und Münster ausgebaut sein und unsere Tempel, Kirchen und Kapellen wieder in würdigem Schmucke prangen. Greife jeder muthig in die Bewegung ein, dort wo Gott ihm seinen Posten angewiesen hat.

Schließen wir den flüchtigen Ueberblick mit einer dankbaren Erinnerung an jene Männer, welche die ganze Bewegung eingeleitet und die entscheidenden Ideen zuerst in Umlauf gesetzt haben. Joseph von Görres, Friedrich von Schlegel und Sulpiz Boisserée sind für Deutschland in erster Linie zu nennen; Frankreich preist de Caumont, Didron, Montalembert, Viollet le Duc, Cahier und Abbé Martin. Auch Dudin sei hier nicht vergessen, noch weniger Rossi von Rom, der Historiograph des Katakomben-Zeitalters. Der ganzen Kunstwelt ist bekannt, was Serour d'Agincourt, Waagen, Guilhabaud, Schnaase, Kugler, Passavant, Stieglitz, Geyer, Kallenbach, Förster, Moller, Heideloff, Otte, Springer, Hefner-Alteneck, Krieg von Hochfelden, von Quast, Jacob Schmitt und so viele Andere für die deutsche Kunstgeschichte geleistet haben. Es ist an uns, die gewonnenen Resultate zu benützen und zu verwerthen.

Drittes Kapitel.

Wissenschaft und Presse.

Die Section für Wissenschaft und Presse setzt sich andere Aufgaben auf dem belgischen Congreß, andere auf den deutschen Katholikenversammlungen. In Mecheln beschäftigt man sich zunächst mit „instruction et éducation chrétiennes", in Deutschland ist seit Jahren die Universitätsfrage in erster Linie auf die Tagesordnung gesetzt; in Mecheln ist diese Section wenig besucht; in Würzburg, Frankfurt, Aachen u. s. w. wurden in derselben bei äußerst zahlreicher Betheiligung die folgenreichsten Debatten gehalten. In Mecheln haben 45 Vertreter der katholischen Presse Europa's vier selbstständige Sitzungen gehalten und wichtige Beschlüsse gefaßt; in Würzburg haben über 60 Vertreter der deutschen Wissenschaft eine Separatconferenz — unabhängig von der Generalversammlung — gehalten und eine Adresse an den heiligen Vater beschlossen und unterzeichnet. In gewissem Sinne kann man sogar die Münchener Gelehrtenversammlung ein Kind der Generalversammlung der katholischen Vereine Deutschlands nennen. Denn Professor Michelis hatte auf der Münchener Katholikenversammlung 1861 einen von Döllinger entworfenen Plan zu einer engeren Besprechung der Vertreter der Wissenschaft in die Section für Wissenschaft und Presse gebracht, konnte aber damit nicht durchdringen, worauf der Plan der Gelehrtenversammlung weiter verfolgt wurde und zu den bekannten Resultaten führte.

An den Sectionsdebatten in Mecheln betheiligten sich zumeist der geistreiche greise Comte de Villeneuve, Lenormant, der kühne Orientfahrer, Lechevin, Soudan und Léger, Du Clisieur, Ducpetiaur, Chopinet, Soenens, Baeten, Decoster u. A. Das Präsidium führte der gelehrte Namèche von Löwen, der neben de Ram, Lamy, Delcour, Laforêt und Perin zu den hervorragendsten Vertretern der Löwener Universität auf dem Congresse zählt. Neben ihm saß van der Haeghen aus Brüssel, ein in Belgien und außerhalb Belgiens bekannter Schriftsteller. Ein vorzüglicher Linguist, erkennt er es doch als die Hauptaufgabe seines Lebens, eingewurzelte Geschichtslügen zu widerlegen und das Treiben der modernen Tendenzhistoriker schonungslos aufzudecken. Wie Onno Klopp von Hannover unsern „kleindeutschen Geschichtsbaumeistern" auf den Leib rückt, so auch van der Haeghen in Brüssel den belgischen Geschichtsfabrikanten. Er ist mit unserer deutschen Literatur sehr genau vertraut.

Die Section beschäftigte sich mit dem Volksunterricht und den heidnischen Classikern als Bildungsmittel, mit der Errichtung von Lehrstühlen für die sociale Frage und mit der Disciplin der Schüler und Zöglinge in den verschiedenen Anstalten.

Ueber den „Volksunterricht" hielt der Bischof von Orleans, Msgr. Dupanloup, jene dreistündige Rede, welche das Ereigniß des Congresses geworden ist und die nun ganz Europa gelesen hat; über die wissenschaftliche Thätigkeit in der menschlichen Gesellschaft überhaupt aber sprach Graf Desbassayns de Richemont aus Paris, uns Deutschen schon bekannt von Aachen her als begeisterter Förderer der Angelegenheit einer katholischen Universität. Der Name Dupanloup hat in der romanischen Welt einen zauberhaften Klang. Wenn in Paris ein sermon de charité zu halten ist, der ganz Paris und mit Paris ganz Frankreich packen, erschüttern und überwältigen soll, so wird der Bischof von Orleans gerufen. Als in der Pfingstzeit 1862 es galt, in Rom das Werk der Katholiken des Orients mächtig zu fördern, ward Dupanloup auserschen als derjenige, welcher die Repräsentanten aller Völker des Erdkreises begeistern sollte; er sprach vor 6000 Zuhörern in der Kirche zu St. Andrea della Valle. Und so 1864 wiederum zu Mecheln. Wenn aber Dupanloup spricht, dann zündet es, dann strahlt die ächte katholische Feuerkraft von einer Seele in die andere über, bemächtigt sich aller Herzen und bildet zuletzt nur ein großes Feuermeer, das weithin seine Strahlen wirft. So geschah es in Rom, so wiederholt in der Madelaine in Paris, so auch in Mecheln. Dupanloup ist allerdings eine der ersten Zierden des französischen Episcopats, und da er bei jeder Gelegenheit der öffentlichen Meinung der Katholiken den gewaltigsten Ausdruck zu geben versteht, ist er eine Macht in Frankreich, der eine gewisse Unwiderstehlichkeit zukömmt, die selbst der Imperator respektirt. Als Schriftsteller zählt Dupanloup zu denen, die sein Jahrhundert und der christliche Erdkreis liest, seine Sprache ist classisch schön. Als Redner entzückt er die Franzosen und Belgier, doch dürfte er den Deutschen weniger zusagen. Montalembert, P. Hermann, auch P. Felix gefallen uns Deutschen mehr. Die Mechelner Rede war weniger eine Rede im eigentlichen Sinne des Wortes als vielmehr eine Causerie, freilich diese in großartiger Anlage von unübertrefflichem Glanz der Diction, von einem geradezu unendlichen Reichthum an brillanten Wendungen und schlagenden Wortspielen. Die wenigen Worte, die Dupanloup am 30. August sprach, um fünftausend Männern für einen über alle Beschreibung enthusiastischen Empfang zu danken, waren ein Meisterstück der Beredsamkeit und bleiben unvergeßlich für Jeden, der sie vernommen hat. Der Bischof von Orleans ist ein Mann des Volkes. „Ich weiß und kenne nicht sehr Vieles; aber was ich am besten kenne, was ich am meisten liebe, das ist das Volk." War die Rede Dupanloups über den Volksunterricht die Perle des Congresses von 1864, so bildet die Rede Montalemberts über die religiöse Freiheit den Glanzpunkt des Congresses von 1863; sie dauerte zwei Stunden länger als die Rede Dupanloups, nämlich fünf Stunden. Beide Männer sind wohl die leuchtendsten Sterne am Himmel des katholischen Frankreichs. Zu Kampf und Sieg von Gott hier auf Erden berufen, tragen Beide hoch das Banner Christi Tausenden und Millionen voran. Montalembert, der Athlet der Tribüne, von Pius IX. selbst als der Tapfersten Einer unter

den Soldaten Christi begrüßt, liebt seine Kirche mit
glühender heiliger Liebe. Er mag in dieser Liebe selbst
zu weit gehen, hat auch 1863 zu Mecheln manche
Sätze ausgesprochen, für welche der Congreß die Ver-
antwortung nicht übernehmen wollte. Die Reden des
Cardinals von Mecheln und des Bischofs von Orleans
1864 haben indeß Alles liebevoll zugedeckt und alles
Disharmonische in Harmonien aufgelöst. Wenn Dupanloup am 31. August 1864 ausrief: „Verwechseln
wir niemals Meinungen mit Principien, Lebensfragen
mit häuslichen Reibungen; unter uns sollen keine
Ausschreitungen, keine Spaltungen, keine Unklugheiten
vorkommen", so hat er wohl bei diesen Worten an
seinen Freund Montalembert gedacht.

Graf Richemont aus Paris ist eine wahrhaft
adelige Erscheinung in Gestalt und Haltung; der schwarze
Bart steht so gut zum schönen Gesicht mit den feurigen
Augen. Die Action beim Sprechen ist gewählt und
nobel. Der Graf spricht aber außerordentlich schnell,
verschluckt wohl auch manche Worte, so daß wir
Deutsche ihn nicht so leicht verstanden und seine Rede
uns beim Lesen besser gefiel als während des Vor-
trags. Zierlicher spricht Vicomte Anatole Lemercier
aus Paris, eine heitere angenehme Erscheinung voll
Witz und Geist, ein ächter Pariser, elegant in Miene,
Ton und Action, und gewiß jeder Versammlung als
Redner willkommen. Doch dürfte selbst ein Lemercier, was den letzten Punkt betrifft, an Henry de
Riancey einen gefährlichen Rivalen finden; denn in
Riancey vereinigt sich Alles, was ihn zum allgemeinen

Liebling auch der größten Versammlung machen muß. Er ist einer der tüchtigsten und gewandtesten Publicisten Frankreichs und steht in seiner Richtung zwischen Montalembert und Veuillot oder Barrier, Taconet und Chantrel, den Herren des Monde; er ist Chef des großen Blattes „l'Union", das zwischen dem „Monde" und dem „Correspondant" die Mitte einhält. Aber de Riancey arbeitet nicht bloß auf seinem Bureau; er ist auch ein Liebhaber der heiligen Armuth, ist in vielen Zweigen der christlichen Nächstenliebe unermüdlich und wandelt so die Wege der Barmherzigkeit als ein Vater der Armen; und diese reiche Praxis verleiht seinem Wort eine Weihe und seiner Person eine Liebenswürdigkeit, von der er selbst keine Ahnung hat, die ihm aber die Herzen Aller, die ihn sehen und hören, gewinnt. Seine Vorträge in der Section für économie chrétienne gewährten hohes Interesse; über den Glauben spricht Riancey in der Sprache der Kirchenväter. Seine Rede in Mecheln am 2. September 1864 in der Hauptversammlung erschien mir wie ein Juwel. So spricht der Soldat Christi, so spricht einer der Helden, ein Bannerträger der Kirche. Bald merkte Jeder, dieser Redner hat gestanden im Kampfe der Parteien und hat um den Sieg von Principien gerungen. De Riancey schaut nicht voll Unruhe und Verzagtheit in die Zukunft: seine Brust ist voll der kühnsten Hoffnungen, und auch er glaubt, daß wir in einem großen Jahrhundert leben. Die Uebermacht der Gegner entmuthigt ihn nicht, denn er ist sich bewußt, was Christus seiner Kirche verheißen hat.

Wenn de Riancey spricht, spielt ein anmuthiges Lächeln um seine Lippen und seine Mienen spiegeln wider die Heiterkeit seiner Seele. Man blickt mit Behagen in seine freundlichen Augen; leider haftet der Blick des Redners nur zu oft auf dem Manuscript der Rede; denn auch de Riancey liest ab. Wird der Beifall der unermeßlichen Versammlung während der Rede gar rauschend und langdauernd, so fährt die Rechte des Redners graziös in das reiche Haupthaar und das ganze Antlitz leuchtet. De Riancey ist der Bezauberer der Herzen.

Es ist schwer zu entscheiden, welcher von den bedeutenden Rednern aus Paris, die in Mecheln erschienen sind, die meisten Vorzüge in sich vereinigt. Ist es Graf Montalembert oder Bischof Dupanloup, ist es de Riancey oder P. Felix, Vicomte Lemercier, Graf Richemont, Vicomte de Melun, Lasserre, Lenormant? Jeder hat Vorzüge, die ihm allein eigenthümlich sind und die wir bewundern dürfen. So ist ja auch unter den Malern Italiens Michael Angelo der Erste in der Großartigkeit der Form, wie in der Größe des heroischen Styles. Tizian ist ausgezeichnet durch die Anmuth und die Weichheit der Formen, Correggio durch die engelgleiche Reinheit seiner Gestalten, Raphael aber unübertrefflich in der Erfindung, im Ausdruck und in der Mannigfaltigkeit der Gedanken und Motive. P. Felix aus Paris hat, wie erwähnt, für uns Deutsche noch schöner gesprochen als Bischof Dupanloup. Die Schlußrede im Dom St. Rombaut zu Mecheln am Samstag den 3. September

1864 war eine Philosophie der Kirchengeschichte von so mächtiger Anlage, wie sie der Größe und Bedeutsamkeit des Moments auf's Würdigste entsprach. P. Felix ist von Gestalt nicht so majestätisch wie P. de Ravignan, besitzt auch nicht die volltönende Kraft der Stimme seines Vorgängers; er ist nicht so sehr der Redner des Freiheits-Enthusiasmus, wie P. Lacordaire, aber er ist nicht minder der Redner seiner Zeit, wie dieß P. Lacordaire und P. de Ravignan für ihre Tage gewesen sind. P. Lacordaire, der Dominikaner, wurde vernommen von Tausenden von jungen Männern, die, aufgeregt durch die doppelte Revolution in der Politik (1830) und in der Literatur, trunken waren von Freiheitsideen, die angezogen und gequält wurden vom „Unendlichen" und nach unbestimmten Idealen lechzten. Dieses Sehnen suchte er zu befriedigen, und dieses Unbestimmte zu leiten auf die Wahrheit in Christus und in der Kirche, sowie die Freiheit zu heiligen durch das Opfer. — Die großen Programme von 1830 und den folgenden Jahren kamen nicht zur Ausführung und die Ideale verwirklichten sich nicht; es bemächtigte sich der französischen Gesellschaft eine ungeheure Ermüdung, eine innere Leere, eine Art Verzweiflung wie nach einem allgemeinen Schiffbruch. Und in diese Nacht der gottverlassenen Zeiten fielen Flammengarben gleich die Conferenzen des P. de Ravignan. Wie majestätisch war seine Gestalt, wie schön seine Sprache, wie feurig sein Glaube, wie heilig sein Leben! Ganz Frankreich hörte auf den Jesuiten; bei Tausenden hat er die Vorurtheile gegen die Religion niedergeschlagen

4**

und verscheucht und Tausende dem lebendigen Glauben wieder gewonnen und so getröstet und gerettet. — Der Zeitgeist machte einen Schritt weiter vorwärts; die Menschen wandten sich ausschließlich den materiellen Interessen zu, dem Dampf, den Maschinen, der Industrie, dem Geld. Fortschritt ist seit Jahren die allgemeine Parole: der Fortschritt, der alle diese Wunder der Neuzeit schafft, sie schafft durch Menschenkraft allein und sich darüber selbst im Uebermuth vergöttert und das Christenthum bedroht. In dieser Phase der Entwickelung war P. Felix von Gott als Streiter gegen die falsche Richtung in die Arena des Kampfes berufen. Er hat sich vorab mit dem Idol der Zeit, mit dem „Fortschritt", beschäftigt, freilich in seiner Art. In der Fastenzeit 1856 begannen in Notre-Dame in Paris die so berühmt gewordenen Conferenzen über den Fortschritt, aber „sur le Progrès par le Christianisme". Erzbischof Sibour hatte den Redner und seinen Gegenstand gesegnet. Der Erfolg war ein großartiger, und P. Felix wird von 1856 ab allezeit unter den guten Rednern Frankreichs genannt werden. P. Felix ist etwa 55 Jahre alt; eine Gestalt in Mittelgröße mit einem Antlitz voll Klarheit und Geist, auf dessen Stirne der männliche Scharfsinn thront, wie die Entschlossenheit einer starken Natur, die überall ganz in den Gegenstand eindringt. Seine Stimme hat seit 1856 an Umfang und an Wohllaut gewonnen; sie klingt hell und durchdringend und erreichte in Notre-Dame in Paris wie in St. Rombaut in Mecheln auch den am fernsten stehenden Zuhörer.

Die beiden Reden, die P. Felix in Mecheln am 2. und 3. September 1864 hielt, sind wohl das Beste, was er überhaupt je gesprochen hat. Er hat uns nicht momentan erwärmt und begeistert, sondern mit unaustilgbaren Eindrücken uns bereichert und uns vielen Trost und nachhaltige Ermunterung für die weiteren Kämpfe des Lebens mitgegeben.

Die Universitätsfrage, die uns in Deutschland seit Jahren so sehr beschäftigt, kommt in Mecheln gar nicht zur Discussion. Die Belgier besitzen ihre rein katholische Universität in Löwen seit 30 Jahren, unterhalten sie mit großen, jährlich wiederkehrenden Opfern und kämpfen eben wieder einen heißen Kampf um die Erhaltung der alten Fundationen. Die Engländer denken daran, in Orford ein katholisches Colleg zu errichten; Canonicus Oakeley aus London, einer der gelehrten Convertiten in England, interessirt sich sehr für das Project, das, wenn Newman sich an die Spitze stellt, wohl auch gelingen dürfte. Es wäre gut: denn die Engländer schicken nun einmal ihre studirenden Söhne nicht nach Dublin, der neuen irischen Universität, die kaum etwas über 200 Studenten zählt — meist Mediciner und Candidaten der Philosophie — und die nicht prosperiren will. Die katholischen Holländer können noch gar nicht an die Gründung einer selbstständigen Universität denken.

Sehr energisch wurden die Preßangelegenheiten in Mecheln durchgesprochen. Belgien hat für die gute Presse Vieles gethan, wie besonders Graf de Theur hervorgehoben hat. Seit dem Congresse von 1863 geht es mit den verschiedenen belgischen Preßorganen sehr voran; besonders das „Journal de Bruxelles" hat umfassende Erweiterungen erfahren. Es gibt ungefähr 50 katholische Blätter im kleinen Belgien in flämischer wie in französischer Sprache. Das Journal von Brüssel wetteifert bereits mit dem Pariser „Monde" und beiden können wir Deutsche ein Blatt in gleich großartiger Organisation nicht entgegenstellen. Die in Mecheln anwesenden Journalisten bildeten eine eigene Section; die bedeutendsten Journale und Organe waren vertreten entweder durch ihre Directoren, Redacteure oder Correspondenten. Da sah man die Herren vom „Correspondant" wie den Grafen Franz von Champagny, Vicomte Anatole Lemercier und den in Paris so beliebten Franz Lenormant. Aber auch der „Monde" hatte seine Vertreter gesendet; ich nenne von Allen Hermann Kuhn aus Berlin, welcher als einer der fleißigsten Correspondenten des Weltblattes wöchentlich mehrere umfangreiche Artikel über Deutschland und vorzüglich über das katholische Deutschland von der Spree an die Seine sendet und mit sehr viel Tact und Geschick unsere Sache führt. In Mecheln vertrat er auch das „Mainzer Journal". De Riancey, den Chef der Pariser „Union", kennen wir bereits. Präsident der Section für Presse war Neut aus Brügge, Director der dort erscheinenden „Patrie". Ich hatte nicht Gelegenheit, Herrn Neut persönlich näher kennen zu lernen, wie sehr ich es auch wünschte; aber er erschien mir überall als das bewegende tonangebende Element. Persönlich höchst liebenswürdig und entgegenkommend, von großer Beweglichkeit des Geistes, voll Leben und Feuer, anregend durch die frische sprudelnde Art seiner Rede, ist er Redner und Antragsteller, Leiter und Führer zu That und Wort, ein Mann des frischesten, freiesten katholischen Wesens; man muß ihn lieb haben, wenn man ihn länger in Action sieht. Practische Tüchtigkeit ist ihm gewiß nicht abzusprechen, er ist ein Mann des Volkes und trifft den Volkston, etwa so wie unser Ernst Zander in München, und Neut wie Zander — jeder ist ein Nestor auf dem Gebiete der Publicistik. Wie Zander bei unsern deutschen Generalversammlungen meist die Rede über die Presse hielt, so wurde Neut Vorsitzender der Section der Presse. Neben Neut präsidirte noch Graf Celestin de Martini, Director des „Journal de Bruxelles", Léon Lavedan, Repräsentant der „Gazette de France", und Lasferre, Chef des „Contemporain", und Deutschen auch als ausgezeichneter Apologet bekannt. Lebrocquoy, Chef der „Voix du Luxembourg", functionirte als Secretär. Sehr thätig in der Debatte war Digard aus Paris. Aus Spanien bemerkte man Enrique de Villaroya und Eduardo Maria Villarrazza; auch Abbé de Chelen und P. Terwecoren, sowie Don Almeida aus Portugal seien hier genannt. Verspeyen, Redacteur des „Bien public" von Gent, zählt zu den jüngsten, aber muthigsten Publicisten Belgiens, er ist ein guter Redner, der mit schneidender Schärfe spricht, aber auch mit großer und unwiderstehlicher Gewalt; auf sein Wort hin wurde Redacteur Casoni in Bologna, den die

Piemontesen so schändlich gemaßregelt haben, vom Mechelner Congreß mit vielen tausend Franken unterstützt. Mit Verspeyen leitet der geschickte Lemmens die Redaction der großen Genter Zeitung „Bien public", welche sich zum „Journal de Bruxelles" verhält wie der Monde zum Correspondant, wie Weekly Register in England zu Home and foreign review von Sir John Acton. Herr von Haulleville, früher Chef des eingegangenen „Universel" und Mitarbeiter des Correspondant, zählt zu den guten Schriftstellern Belgiens; er ist nicht allein Publicist, sondern auch ein gründlicher Geschichtschreiber und wie van der Haeghen mit unserer deutschen Literatur wohl bekannt. Ich muß Demarteau noch nennen, den Redacteur der Lütticher Zeitung, und A. Coomans, den gewandten Redner und Repräsentanten des Journals von Antwerpen, auch Frappier, den Redacteur von „l'Ami de l'Ordre". Von den Engländern seien erwähnt Herr Simpton, ein Freund von Sir John Acton und Mitarbeiter an dessen eingegangenen Rambler und der Review, und Wigley, Chef des „Weekly Register" und Mitarbeiter des Monde mit Coquille, Taconet, Leon Pagès, Kuhn, la Tour, d'Aignan, H. Brignault u. A. Von den in Mecheln vertretenen Journalen und Zeitschriften hebe ich hervor: l'Ouvrier, le Messager de la Charité, la Revue chrétienne, le Journal des Villes et des Campagnes, die spanischen Blätter el Diario von Barcelona, la Regeneracion von Madrid, l'Union von Valencia, Register catolico von Barcelona, dann la

Belgique, la Paix, les Précis historiques, le Courrier de Bruxelles, le Moniteur de Louvain, l'Escaut, le Courrier de la Sambre, l'Union de Charleroy, le Nouvelliste de Verviers, le Journal de Hainaut, l'Impartial de Soignies, la Gazette de Vivelles u. s. w.

Es waren wie gesagt 45 Publicisten versammelt. Die Berathungen und Debatten machten einen guten Eindruck. Die Herren wußten, was sie wollten. Man beschloß, jährlich in Brüssel eine Generalversammlung von katholischen Publicisten aller Länder abzuhalten, sowie ein internationales telegraphisches Centralbureau für die katholischen Organe in Brüssel zu errichten, weil die bestehenden Telegraphen-Bureaur, die meist in jüdischen Händen sind, die Telegramme gar zu oft verfälschen. Die Eintracht unter den Vertretern der verschiedenen Organe wurde durch diese Conferenz sehr gefördert und die verschiedensten Vorsätze zu gemeinsamem Handeln und Vorgehen gefaßt.

Die Redaction des Pariser „Correspondant" empfahl das Organ dem Congreß in Mecheln, indem sie ein Verzeichniß seiner Mitarbeiter vertheilte. Diese Herren bilden wohl eine der stattlichsten Gruppen von Publicisten in der katholischen Welt; darum seien ihre Namen hier genannt: Bischof Dupanloup, der Duc d'Ayen, Fürst von Broglie, Graf Montalembert, Graf Falloux, Graf von Carné, Graf von Champagny, Vicomte Lemercier, Vicomte de Melun, Generalvicar Meignan, Professor Perreyve, P. Gratry, Villemain, de Laprade,

Augustin Cochin, Foisset, Leonce de Lavergne, Wallon, A. de Pontmartin, Lenormant, de Chaillard, Amedée Achard, Marmier, de Haulleville u. s. w. In der That eine treffliche Auswahl von Charakteren und zuverlässigen Tüchtigkeiten. Der „Correspondant" erscheint jeden Monat und bildet jährlich sechs starke Bände.

Ich hatte schon früher einer Versammlung von Publicisten angewohnt: beim zweiten großdeutschen Congreß im October 1863 in Frankfurt a. M.; es waren 27 Vertreter der großdeutschen Presse erschienen. Es wurde viel hin- und herbedattirt, man bildete einen Verein, ernannte ein leitendes Centralcomité mit dem Sitz zu Frankfurt, man beschloß sich jedes Halbjahr zu versammeln; aber von all' den schönen Sachen ist so viel wie nichts zur Ausführung gekommen; konnte ja selbst der dritte großdeutsche Congreß 1864 im October nicht abgehalten werden.

Auch die kleindeutschen Journalisten sind am 22. Mai 1864 in Eisenach 34 Mann stark zusammengekommen, und constituirten sich „als eine regelmäßig wiederkehrende Versammlung von Vertretern deutscher Zeitungen und Zeitschriften, um die Interessen der deutschen Presse zu wahren." Ein Ausschuß von Repräsentanten von sieben Zeitungen ist niedergesetzt worden und der Sitz des Ausschusses ist ebenfalls Frankfurt a. M. bis zum nächsten Journalistentag 1865. Auf diesen deutschen Versammlungen von Publicisten aber ist klar und offenbar geworden, daß der Journalismus in Deutschland noch in seinen Anfängen steht; Niemand kann das läugnen. Die deutschen Journalisten sind verhältnißmäßig noch sehr weit zurück. Sie bilden keinen Stand, es mangelt ihnen das Selbstgefühl, das Gefühl der Zusammengehörigkeit, sie befinden sich fast ausnahmslos in der drückendsten Abhängigkeit. Die Mitarbeiter an Zeitungen sind keineswegs wohlhabende oder besonders auskömmlich bezahlte Leute. Ungeheuerliche Mißstände herrschen noch in unserer deutschen Journalistenwelt vor.

In Belgien ist die Presse besser organisirt und die Tagespresse ist keinerlei Steuer unterworfen, daher in Brüssel allein 67 Zeitungen und Zeitschriften erscheinen; für 10—12 Franken erhält man in Belgien ein gut geschriebenes, täglich erscheinendes unsere deutschen Localblätter weit überragendes Blatt.

Die belgischen Publicisten, die ich in Mecheln sprach, haben alle ausnahmslos **sehr geringen Respekt vor der katholischen Presse Deutschlands**. Sie werfen uns in scharfen Ausdrücken vor, daß wir unsere **Schuldigkeit nicht thun** und uns in allen Theilen und Gegenden Deutschlands von den Juden die Presse besorgen und an der Nase herumführen lassen.

Die Publicistik ist ein Amt, ein Beruf, und zwar ein Amt von außerordentlicher Wichtigkeit, das mit aller Gewissenhaftigkeit gehandhabt werden muß. Der Publicist, schrieb ich vor vier Jahren, hat ein weit größeres Publikum als der Professor, und seine Wirksamkeit in der Gegenwart ist in's Unbestimmbare ausgedehnt, denn die ganze gebildete Gesellschaft vernimmt sein Wort, er gebietet über die gewaltigste Zeitmacht, die öffentliche Meinung. Die Publicisten sind berufen, die Kerntruppen der Wahrheit und der Freiheit zu sein. Darum sollen sie tief im Volke wurzeln, auf der Höhe der Zeit stehen und die erleuchtete Intelligenz der Gegenwart mit unerschütterlicher Anhänglichkeit an die ewigen Gesetze der Kirche vereinigen. Ein solcher Stand von Publicisten muß vor Allem herangebildet werden. Denn ohne Unabhängigkeit, Würde und sittliche Freiheit kann der Schriftsteller seine Mission, die ihm Gott gegeben hat, nicht erfüllen. „Impavidum ferient ruinae."

In England, in Amerika, in Belgien hat die Presse Recht und Macht, sie ist der jüngste Souverain und ist eine Form des Volkslebens geworden; die Wissenschaft ist sich bewußt, daß sie ohne Ausbreitung ohnmächtig ist, und daß nicht von einer Schulstube in die andere geschrieben werden dürfe, und darum gebrauchen die Gelehrten die Presse. Im katholischen Deutschland aber gibt es bis zur Stunde noch Gegenden, wo derjenige schief angesehen oder gar mißliebig wird, der eine Correspondenz in eine Zeitung besorgt, und wo man es vorzieht, sich von Israeliten und literarischen Zigeunern das tägliche Brod der Zeitung bieten zu lassen.

„Gebt der Kirche die Freiheit: laßt die ganze ihr innewohnende, ungeheure Kraft sich in voller Weise entfalten, laßt ihre Thätigkeit eingreifen in alle Verhältnisse, dann wird es schon besser werden. Die

Kirche soll wieder ganz zur Anerkennung kommen, zur Herrschaft nicht bloß in den Hütten, sondern auch in den Palästen, sie soll zur Anerkennung kommen in den Gerichtssälen, sie soll zur Anerkennung kommen auf den Lehrstühlen, sie soll zur Anerkennung kommen gerade so auf der Universität wie auf der Dorfschule. Man thue das und man hat geholfen." So rief einst der deutsche Episcopat, so hat nach dem Vorgang des hochwürdigsten Episcopats die katholische Generalversammlung Deutschlands alle Jahre in die Welt hinausgerufen. Die Kirche hat ein Recht auf die Schule des Volkes, aber sie hat auch, wie Moufang sagt, wahrhaftig nicht weniger Ursache darauf zu sehen, daß die Erziehung und Belehrung derer, die da Leiter und Führer des Volkes werden wollen, ihrem Einfluß nicht ganz und gar entzogen werde. Die Kirche ist die Mutter der Universitäten, aber heute sind ihr fast alle ihre Töchter untreu geworden. Längst zählen wir in Deutschland keine 18 katholischen Universitäten mehr neben 18 protestantischen, man hat der Kirche ihre Hochschulen genommen, wie man ihr die Güter und das Besitzthum raubte und wie man ihre Klöster plünderte. Wir haben in Deutschland nur noch sechs stiftungsmäßige katholische Universitäten unter den 22 bestehenden Hochschulen. Und wie sind die Katholiken auf den paritätischen Universitäten zurückgedrängt, wie wird durch eine entschieden katholische Gesinnung ein Docent so leicht mißliebig! Fast überall stehen unter den Professoren zehn Nichtkatholiken gegen einen Katholiken; dieses drückt wie ein Alp furchtbar auf uns Alle.

Schon lange vor 1848 haben tiefblickende Männer den großen Gedanken der Gründung einer rein katholischen Universität genährt. Seit aber dieser Gedanke durch die Versammlung der Bischöfe in Würzburg 1848 einen so nachhaltigen Ausdruck gewonnnen hat, haben auch die katholischen Generalversammlungen dessen Verwirklichung stets im Auge behalten und ihn nach Maßgabe ihrer Kräfte und Stellung zu fördern sich bemüht. Zu Regensburg (1849), Mainz (1851), Münster (1852), Wien (1853), Linz (1856) wurde dieser Frage die vollste Aufmerksamkeit gewidmet. Die Generalversammlung in Linz empfahl bereits dem Episcopat Oesterreichs die Wiederherstellung der ehemaligen Universität Salzburg auf das Wärmste; das Gleiche geschah auf der Salzburger Versammlung 1857 und wurde insbesondere Fürsterzbischof Freiherr von Tarnoczky in Salzburg „um die nächste Inhandnahme und Vermittelung dieser für ganz Deutschland so überaus wichtigen Angelegenheit ehrerbietigst angegangen". Die Debatten über die Universitätsfrage in Salzburg 1857 waren sehr bewegt und stürmisch, da Innsbruck mit Salzburg um den Vorrang stritt. Die Frequenz der Innsbrucker Universität hat auch in den letzten Jahren merkwürdig zugenommen.

Am wichtigsten für die Frage wurde die Aachener Versammlung 1862. Professor Möller aus Löwen hatte eine schöne Rede über die Entstehung der Universität in Löwen gehalten. Begeistert erzählte er, wie man am 4. November 1834 in Mecheln mit den Vorlesungen begann vor 86 Studenten, wie diese Zahl sich 1835 in Löwen vermehrte auf 261 und wie sie 1836 bereits auf 360 stieg; heute zählt Löwen über 800 Studenten mehr, als die drei Staatsuniversitäten zusammengenommen. Und wir hörten, wie man in Belgien Subscriptionen eröffnete, jährliche Beiträge zahlt, wie die Kirchencollecten abgehalten werden, wie der Aermste aus dem Volk sein Scherflein gibt; und wie die Löwener Professoren der katholischen Wissenschaft den Ehrenplatz auf dem Gebiete der geistigen Thätigkeit errungen haben und Männer von Ueberzeugung heranbilden, welche ihre Posten, auf die sie Gott gestellt, ehrenvoll ausfüllen. „Was das kleine Belgien mit seinen vier Millionen Bewohnern zu Stande gebracht hat, sollte dieß dem großen katholischen Deutschland unmöglich sein? Folgt dem Beispiele Belgiens; ihr Laien erhebt eure Stimme, laßt euch durch Hindernisse und Schwierigkeiten nicht abschrecken! „Unmöglich" — das ist kein der deutschen Männer würdiges Wort." Durch diese Rede des herrlichen unvergeßlichen Möller waren wir warm geworden, waren bereit Opfer zu bringen und in dieser Sache einmal zur That zu schreiten. Den nächsten Tag, 8. September, kam in der zweiten geschlossenen Versammlung durch Theising von Warendorf die Frage der Universität in die Debatte, an der Freiherr von Andlaw aus Freiburg, Schulte aus Prag, Heinrich von Mainz, Möller von Löwen, Graf Brandis aus Oesterreich, Thissen aus Frankfurt sich lebhaft betheiligten. Es handelte sich vorerst darum, ein Comité zu ernennen, welches die Universitäts-Angelegenheit energisch in die Hand nehmen sollte. Das Comité wurde ernannt; Hofrath Phillips, Felix Freiherr von Loe, Graf Brandis, Heinrich Freiherr von Andlaw, Ritter Joseph von Buß, Wilderich Freiherr von Ketteler sollten es bilden. Die Versammlung begrüßte diese Namen mit Begeisterung. Der gestellte Antrag zielte auch dahin, daß Beiträge zur Stiftung der Universität eingezahlt würden. Manches wurde hin und her gesprochen und man kam nicht zur Klarheit. Da fand Freiherr von Andlaw das rechte, das zündende Wort: ich gebe sofort 500 Thlr. zur Gründung einer katholischen Universität, rief er. Ich füge 500 Thlr. hinzu, fiel Hofrath Phillips von Wien ein; ich zeichne 200 Thlr., sprach Zander aus München mit begeistertem Accente. Graf Richemont aus Paris bestieg die Tribüne, einige Worte des Enthusiasmus an die Versammlung richtend und zeichnete 500 Thlr. Es kamen nun Schlag auf Schlag die Grafen Spee, Loe, Schaasberg, Stolberg, Hoensbroich, Brandis und viele andere adelige Herren von Rheinland und Westphalen mit mächtigen Summen; Professor Schulte aus Prag zeichnete 1000 Gulden, eben so viel Domcapitular Moufang von Mainz; Dumortier von Brüssel, Prisac von Aachen, Martens aus Pelplin, Thymus, Bachem, Pastor Becker stehen unter den ersten; in kürzester Frist waren 7000 Thlr. gezeichnet, die dann schnell auf 15,000 Thlr. stiegen, und zu Würzburg 1864 war diese Summe bereits auf 30,000 Thlr. angewachsen.

Diese Scene im Kaisersaal zu Aachen war so imposant und schön, wie vielleicht keine auf den 16 Generalversammlungen gewesen ist. Eine Freude und Begeisterung erfüllte uns Alle, wie wir sie noch selten verspürt hatten; wir wurden von den kühnsten Hoffnungen beseelt. Und unsere Freude theilte das ganze katholische Deutschland, denn der Universitätsgedanke hatte nun mit einem Schlag Fleisch und Blut gewonnen. Freilich nahmen die Zahlungen und Einzeichnungen nicht immer den rapiden Fortgang wie in den Tagen des Aachener Congresses; vor Allem blieb der Adel in Süddeutschland hinter den Erwartungen zurück. Von 30,000 Thalern bis zu sieben Millionen ist es noch weit, zumal da dem Klerus in Deutschland fast alles Besitzthum und Vermögen genommen ist und das Volk in Massen für die Idee schwer zu begeistern sein dürfte. Aber wir haben die Universitätsfrage, und daß wir sie lebendig haben und uns mit ihr beschäftigen, das ist ein Glück, denn der segensvolle Rückschlag blieb nicht aus; in wie viele Kreise ist seit dem 8. September 1862 eine größere Energie gekommen! Wir Katholiken fangen an, auf allen Punkten die Rechte zu reclamiren, die wir beanspruchen können und sie unaufhörlich zu reclamiren, bis man sie uns gewährt. Wie der rheinisch-westphälische Adel auf den Landtagen es versucht, die alte katholische Universität von Münster in ihrer ganzen Integrität von der preußischen Regierung zu begehren, so könnte man ja auch in Bayern, das eine rein-protestantische Universität besitzt, auf die Herstellung einer rein katholischen Universität hinarbeiten; denn es ist die erste Aufgabe der Katholiken Deutschlands, wie dieß Schulte in Aachen 1862 und Moufang in Würzburg 1864 mit Recht besonders betont haben, daß die stiftungsgemäß katholischen Universitäten in ihrem stiftungsmäßigen Charakter erhalten bleiben. Wo paritätische Universitäten bestehen, da werden von nun an unsere katholischen Universitätsprofessoren mit aller Energie dahin wirken, daß die Parität auch gewahrt bleibe. Und wo die versprochene Parität mit Füßen getreten wird, dort werden sie protestiren und immer protestiren und die Rechte fordern. Und den Professoren werden sich die katholischen Studentenverbindungen anschließen, die in Anschütz und Freiherr Dr. v. Hertling beredte Sprecher nach Frankfurt und Würzburg geschickt haben. Sind wir Katholiken nicht die Majorität in Deutschland? Friedrich Böhmer von Frankfurt kannte Deutschland und seine Volksstämme wohl am genauesten von allen Deutschen, die im 19. Jahrhundert lebten; wie oft behauptete er, daß die Katholiken zum mindesten eben so viele Talente besäßen, als die Protestanten, und daß Süddeutschland an geistiger Kraft hinter Norddeutschland nicht zurückstehe, sondern eher überlegen sei. Schon all' das Genannte sind große Aufgaben und über diese hinaus fällt dann noch die Aufgabe, eine ganz neue Universität zu schaffen, eine Universität, die ganz katholisch, ganz frei ist, die unter keinem Staatseinfluß steht, sondern einzig unter der Oberleitung der Kirche. Um diese Hochschule herzustellen, müßte der deutsche Episcopat, der deutsche Adel, der deutsche Klerus, wir müßten Alle zusammen Jahre lang unsere besten Kräfte aufbieten; aber auch die katholischen

Universitätsprofessoren müßten das Werk unterstützen und nicht mit so eisiger Kälte demselben gegenüber sich verhalten, wie es die allermeisten thun. Verübt der moderne Staat auf dem Gebiete der Wissenschaft gegen die Kirche fort und fort die schreiendsten Ungerechtigkeiten und unterdrückt er mit einer Tyrannei ohne Gleichen die besten wissenschaftlichen Kräfte, wenn und weil sie katholisch sind, warum sollten die Katholiken sich nicht endlich einmal selber helfen und eng aneinanderschließen? Wir dürfen nicht ablassen vom Kampfe, wir dürfen nicht ruhen, bis wir auf allen Gebieten der Wissenschaft unseren Gegnern nicht bloß ebenbürtig, sondern ihnen auch überlegen sind.

Das Universitätscomité hat in den zwei Jahren seiner Existenz bereits große Anstrengungen zur Förderung der guten Sache gemacht; besonders thätig ist der junge Fürst Karl von Löwenstein-Wertheim, der an die Stelle des verstorbenen Grafen Brandis in's Comité gewählt wurde.

Domcapitular Dr. Moufang von Mainz hat für das Jahr 1864 in Würzburg die Rede über die Universitätsfrage gehalten. Er war von Allen, die der Versammlung beiwohnten, am besten dazu geeignet. Seit dem Jahre 1848 hat Dr. Moufang fast an allen 16 Generalversammlungen Theil genommen und zu dem vielen Guten, das diese Versammlungen stifteten, mächtig mitgewirkt. Gewissermaßen im Mittelpunkt der katholischen Zeitbewegung in Deutschland stehend, versteht er es, Alles, was die Herzen der deutschen Katholiken bewegt, zur rechten Zeit und am rechten Ort mit Kraft und Macht auszusprechen; sein Wort ist oft gewaltig und unwiderstehlich wie ein Bergstrom. In München hielt er eine Rede über den heiligen Vater und seine Bedrängnisse, in Aachen geißelte er die Charakterlosigkeit unserer männerarmen Zeit, in Frankfurt machte er die Vorurtheile gegen die Kirche lächerlich, in Würzburg begeisterte er zur Verwirklichung einer katholischen Universität. Aber auch die Handwerkerfrage und die Schulfrage behandelte er in der letzten Zeit mit umfangreichem Zeitverständniß. „Il faut être de son temps", dieß Wort versteht Dr. Moufang im besten Sinne, und ist so einer der „representative men" der öffentlichen Meinung des katholischen Deutschlands, der gegen die Feinde der Kirche mit überlegener Strategik kämpft. Am 19. December 1864 feierte Regens Dr. Moufang sein 25jähriges Priesterjubiläum; das war ein großes unvergeßlich schönes Priesterfest, begangen von hunderten von Priestern aus den Diöcesen Mainz, Limburg und der Erzdiöcese Freiburg. Man kann Dr. Moufang nicht nennen, ohne auch an Domcapitular Heinrich zu denken. Beide bilden ein par nobile fratrum sowohl in der Literatur, wie vordem das Freundespaar Räß und Weis, als auch im öffentlichen Leben des katholischen Deutschlands, wie die Dioscuren August und Peter Reichensperger in der preußischen Kammer. Dr. Heinrich wohnte 1848 als Secretär der bischöflichen Versammlung in Würzburg bei — er war damals etwas über 30 Jahre alt — und hatte sich ein paar Wochen früher bei der Mainzer ersten Generalversammlung um die Organisation des Vereines wesentliche Verdienste erworben. Seitdem besuchte er summa cum laude fast alle Versammlungen, war deren thätiges, anregendes Mitglied und förderte durch seine Begeisterung die meisten katholischen Unternehmungen, die bis heute in's Werk gesetzt wurden. Seine Thätigkeit ist gleich hervorragend in den Ausschußsitzungen, in den geschlossenen wie in den öffentlichen Versammlungen; Heinrich ist nicht bloß ein beliebter Congreßredner, sondern auch ein gewandter Publicist und Polemiker, hat als Apologet die beste deutsche Schrift gegen Renan geschrieben, und nimmt als Dogmatiker und Jurist in der deutschen Wissenschaft einen Standpunkt ein, den er gegen jeden seiner Gegner zu vertheidigen weiß.

Professor Haffner ist der Dritte in der Mainzer Gruppe. Er dient jener Wissenschaft, welche Aristoteles als die göttlichste und ehrwürdigste aller Wissenschaften bezeichnet und Plato die größte aller Musenkünste nennt: er ist speculativer Philosoph. Aber Haffner ist ein Philosoph, den auch andere Menschenkinder verstehen, welche nicht Philosophen sind; er verwerthet seine Wissenschaft für das Leben, und ist schnell ein Liebling der Casinomänner im ganzen Rheinland geworden. Warum auch nicht? Seine Reden bereichern das Publikum und heben es empor, er ist erhaben in der Auffassung, mild und graziös in der Ausführung, das Ganze macht Effect und auch das Einzelne ist vollendet; er weiß Licht und Schatten wohl zu treffen. Sein unvergleichlicher Humor spielt nicht auf einem gewitterschweren Hintergrund; einzig schön sind die Bilder, die er anwendet. So eine Rede von Haffner erscheint mir stets wie ein ununterbrochenes Gastmahl von nektargewürzten Leckerbissen. Ad multos annos! prächtiger Sohn des Schwabenlandes!

Die Herren aus Mainz erscheinen auf den Generalversammlungen meist in einer ganz stattlichen Gruppe; sie sind alle tüchtige Arbeiter in den Ausschußsitzungen. Ich nenne Domcapitular Dr. Hirschel, der in Köln 1856 der ersten Generalversammlung der kirchlichen Kunstvereine präsidirte, Msgr. Graf Max von Galen, welcher in Aachen eine liebliche Muttergottesrede hielt, die Professoren Holzammer und Hundhausen, gewandte Exegeten, Friedrich Schneider, Diöcesanpräses aller Gesellenvereine im Bisthum Mainz, und Casinopräsident Falk, der bereits auf zehn Congressen war.

Hofrath Phillips aus Wien fungirt meist als Vorsitzender in der Section für Wissenschaft und Presse. Ist er doch eine der ersten Zierden deutscher Wissenschaft und sein Kirchenrecht zählt zu den Werken, von denen das Aere perennius gilt und die auf Classicität Anspruch machen. Auch für die katholische Presse Deutschlands hat Phillips eine der größten Thaten vollbracht, indem er mit Jarcke und Joseph von Görres die Historisch-politischen Blätter in München gründete und im Verein mit Guido Görres sie lange Zeit redigirte. Im Jahre 1848 in's Frankfurter Parlament gewählt, zählte Phillips zu den Männern des „Steinernen Hauses", d. i. der katholischen Fraction, deren Stamm Döllinger, Lasaulx, Sepp, Förster, Geritz, Dieringer, von Bally u. A.

hergaben, und die mit aller Energie bei den Debatten in der Paulskirche über das Verhältniß der Kirche zum Staat und der Schule zur Kirche sich betheiligten. Phillips ist seit 1862 Präsident des Centralcomité's des Vereins für Gründung einer freien katholischen Universität. Die Reden des hochverehrten Universitätslehrers auf den Generalversammlungen wirkten durch ihre wissenschaftliche Ueberzeugungsgewalt und die sonnige Klarheit der Gedanken; er ist ein angenehmer Berichterstatter und ein tactvoller Sectionspräsident.

Geheimrath Ringseis von München hat auf den Versammlungen in Aachen und München gehaltvolle Reden gehalten; in Frankfurt und Würzburg ist er nicht mehr erschienen, denn das Greisenalter stellt sich ein, Ringseis ist 1785 geboren. Er nimmt zwar in der literarischen Welt einen ausgezeichneten Ehrenplatz ein, hat aber stets mehr durch das lebendige Wort und die begeisterte That gewirkt; begeisternd ist sein Auftreten, zündend sein Wort, das einst laut erklang wie das Meer und das Jeder noch gerne vernimmt. Die Kindlichkeit des Herzens, die sich in der anmuthigsten Treuherzigkeit zeigt und der ewige Frühling seiner Seele stehen Herrn Ringseis gar lieb und doch zählt auch er zu jenen Männern, die „stolz voll innerer Freudigkeit bestanden allen Zorn der Zeit." Er gleicht einer Eiche, die jedem Orkan widersteht.

Freiherr von Moy aus Innsbruck war in Würzburg Präsident der Generalversammlung; bekanntlich lehrte er 1832—1837 in Würzburg Staatsrecht, Völkerrecht und Rechtsphilosophie und war dann von

1837 ab ein Jahrzehnt lang Universitätslehrer in München, zu jener Zeit, als der Ruhm der Münchener Hochschule so viele katholische Jünglinge in die bayerische Hauptstadt zog, als man in ganz Deutschland wußte, daß in München eine große katholische Universität sei, als, wie Moufang sagt: „der alte Görres und der alte Ringseis neben ihm, Döllinger, Möhler und Klee, Phillips, Moy und Windischmann und wie alle die Männer heißen mögen, das katholische München ausgemacht haben." Freiherr von Moy wußte in Würzburg mit großer Umsicht und vielem Tact zu präsidiren. Das Alter macht sich allerdings bereits geltend; aber immer hat die Stimme noch einen reichen Umfang und klingt angenehm an. Freiherr von Moy ist weit entfernt von der trockenen Feierlichkeit eines deutschen Professors; seine tiefe Frömmigkeit ist gepaart mit innerlicher Wärme, mit Herzlichkeit und wohlwollender Mittheilsamkeit und verschönert durch die Fülle von ächtkatholischer Fröhlichkeit.

Die katholischen Universitätsprofessoren finden sich im Ganzen sehr schlecht auf den Generalversammlungen ein, weil sie meist dem wirklichen Leben zu ferne stehen, doch gibt es Ausnahmen, wie die oben Genannten; auch Schulte aus Prag ist bis 1862 ein sehr rühriges Congreßmitglied gewesen. Er ist der Mann des gesunden Fortschrittes, er will, daß die Katholiken in keiner Beziehung zurückstehen, sondern überall den Ton angeben. Er verlangt vielleicht mitunter etwas zuviel, hat überhaupt etwas Jähes in seiner Rede und geißelt die Mißstände mit unbarmherziger Schärfe.

Schulte ist gar nüchtern, denn er kennt die kirchlichen Zustände genau, aber bei Allem ist es nur ein reiner Eifer, der ihn treibt, eine Art heiliger Zorn, der ihn erfüllt. Hermann Müller aus Würzburg, Professor an der dortigen Universität, Philologe, Jurist und von den Zeiten der „deutschen Volkshalle" her auch als Publicist bekannt, war durch seinen prächtigen Bart der schönste Mann der Würzburger Versammlung und in Aachen Vorsitzender der Section für Presse. Neben ihm sah man in Würzburg die Geschichtsprofessoren Contzen und Ludwig, sowie Dr. Wirsing als Repräsentanten der dortigen Universität. Professor Vering von Heidelberg hat zwar eine studiendurchwachte Gelehrtenphysiognomie, aber dabei auch ein Herz, das für alle katholischen Interessen schlägt.

In Würzburg haben 63 Gelehrte, Professoren und Schriftsteller eine Adresse an den heiligen Vater unterschrieben und abgeschickt, in der sich dieselben in Sachen der Gelehrtenversammlungen als gehorsame Söhne der Entscheidung des heiligen Vaters unterwerfen. Ich kann hier also die Gelehrtenversammlung und die mit derselben zusammenhängenden Männer nicht ganz umgehen, zudem wie erwähnt die Generalversammlung der katholischen Vereine indirect auch der Anlaß zu den Gelehrtenversammlungen geworden ist. Die Sache ist eben Ende December 1864 wieder sehr brennend. Vorliegen die Rede Döllingers von 1863 über Vergangenheit und Gegenwart der katholischen Theologie, die Kritik derselben durch den Mainzer „Katholik", den Pariser „Monde" und die römische „Civiltà cattolica";

ferner der Vortrag von Professor Hergenröther in Würzburg über die Frage der Gelehrtenversammlungen, das Pamphlet von Professor Michelis aus Brauns=berg, die scharfe Entgegnung darauf im Novemberheft des „Katholik", Artikel in der Augsburger Sion u. A. Dazu kommt das päpstliche Breve an den Erzbischof von München vom 21. December 1863, der Erlaß des Cardinal=Staatssecretärs an die Nuntiatur in Mün=chen vom 5. Juli 1864 und das Schreiben des heili=gen Vaters an die Professoren Denzinger und Hergen=röther vom 20. October 1864. Ich fürchte, die Sache wird noch recht unerquicklich und unsere Herren Ge=lehrten und Professoren werden sich wieder ganz arge Blößen geben. Sagt ja auch Hergenröther, der Ge=lehrtesten Einer von Allen, über seine gelehrten Con=fratres: „auch haben nicht alle Gelehrte die nöthige Discretion, den feinen Lebenstact, die ausreichende Kunde von allen practischen Verhältnissen und Inte=ressen; gar Mancher sieht in seiner Studierstube die Dinge anders an, als sie sich im wirklichen Leben ge=stalten."

Die katholische Generalversammlung will nun ihren universalen Standpunkt durchaus nicht ändern und die unmittelbar wissenschaftlichen Interessen nicht sämmt=lich in ihr Bereich ziehen, sie kann und will nicht einen Gelehrtencongreß bilden und es liegt außerhalb der Möglichkeit und des Wirkungskreises derselben, einen Ersatz für den Gelehrtencongreß zu bilden. Professor Denzinger hat, dieß klar erkennend, darum auch auf das Bestimmteste erklärt, daß die Zusammenkunft der

Gelehrten ganz unabhängig von der 16. Generalversammlung geschehe und derselben keine Verantwortlichkeit dafür zukomme.

Thatsache ist ferner, daß der heilige Stuhl die Gelehrtenversammlungen nicht im Geringsten verboten hat, daß der deutsche Episcopat diese Versammlungen nicht verhindert wissen will, daß auch nicht eine katholische „Partei", wie Michelis meint, gegen diese Versammlungen Gott weiß was für Intriguen angezettelt hat.

Wenn die Sache dennoch nicht recht gehen will, liegt der Grund davon an den Männern der Wissenschaft selbst. Es ist ungemein schwierig, die Gelehrten der verschiedensten Berufskreise, Richtungen und Studien in Harmonie zu bringen und die Jünger der speculativen, der historischen und der practischen Wissenschaften zu einigen, so daß ein großes Concert aller dieser Kreise sich ergibt. Wäre ich ein gelehrter Mann, so würde ich hier noch viele meiner Gedanken offenbaren. Warum sind die hochberühmten Theologen von Tübingen nicht nach München gekommen vom 28. September bis 1. October 1863? Warum erscheinen die Universitätsprofessoren in gar so geringer Zahl auf den Katholiken-Congressen? Warum sehen sich die Vertreter der inniger unter sich zusammenhängenden Disciplinen nicht zuweilen? Die fruchtbarste Anregung würde die Folge von solchen kleinern und größern Zusammenkünften sein, die Vorurtheile würden zerstreut, der krankhafte Zustand der „geistigen Verschlossenheit" würde gehoben, die jüngeren Kräfte würden in ihren Bemühungen aufgemuntert durch die Wechselwirkung einer schönen Gemeinsamkeit geistiger Thätigkeit.

Soll auch die Gelehrtenversammlung von 1863 ein Bruchstück bleiben, wie die Versammlung der Kunstvereine 1857? Ich glaube nicht. Die beste Antwort auf Alles, was man über die Gelehrtenversammlungen vorgebracht hat, wäre die, wenn im Jahre 1865 z. B. **Döllinger, Phillips, Alzog aus Deutschland, Perin, Delcour, de Ram aus Belgien, Newman, Oakeley, Acton, Robertson aus England und Irland, Meignan, Montalembert, Rio aus Frankreich, Nardi, Cantu, Casoni aus Italien u. A.** einen **europäischen Gelehrten=Congreß**, sei es in Genf oder Brüssel oder Frankfurt a. M., veranlassen würden. Die europäischen Culturvölker treten alle Tage mehr in die innigsten Beziehungen zu einander; sollen da unsere Gelehrten allein zurückbleiben und in ihrer Isolirtheit verharren? Schnell wäre der Vergeltung Flügelschlag.

Im Centrum der wissenschaftlichen Thätigkeit Deutschlands in der zweiten Hälfte des 19. Jahrhunderts steht ein **katholischer Fürst, König Maximilian II. von Bayern (1848—1864).** Die Weltgeschichte kennt nur ganz wenige Fürsten, die mit gleicher Munificenz die Gelehrten ihrer Zeit unterstützten; König Max hat mit wahrhaft kolossalen Summen seine verschiedenen Stiftungen gegründet und ausgestattet und wissenschaftliche Unternehmungen gefördert. Er wird allezeit als einer der größten Gönner deutscher Wissenschaft gepriesen werden, und in der Geschichte der Wissenschaft einen der ersten Plätze einnehmen. Man kann aber nicht sagen, daß die Ideale des erhabenen Fürsten durch die von ihm unterstützten Gelehrten wären realisirt worden; er selbst hat vor seinem Tode noch die bittersten Täuschungen erfahren und eingesehen, daß er Unwürdige in den Kreis seiner Vertrauten zugelassen hat. Döllinger hat die Verdienste des Königs Maximilian um die Wissenschaft gebührend hervorgehoben, freilich ohne der Mißgriffe zu gedenken, die der wohlwollende Mäcen, von falschen Freunden mißleitet, gemacht hat. Döllinger ist selbst fürstlichen Ranges in der europäischen Gelehrtenrepublik; er baut mit kunstgeübter Hand am Riesendom der allgemeinen Kirchengeschichte: die Vorhalle ist bereits prächtig aufgebaut, auch die Grundsteinlegung ist beendet. Möge sich um die Hallen und die Schiffe majestätisch das Gewölbe breiten und möge Gott dem Meister die Kraft geben, daß er uns nicht einen gigantischen Torso hinterlasse. Seitdem Döllinger im April 1861 die bekannten Vorträge im Odeon in München vor einer sehr gemischten Zuhörerschaft gehalten hat, wurden durch ihn die Geister der verschiedensten Richtungen innerhalb und außerhalb der Kirche fortwährend in Spannung erhalten. Manche sind in diesen Tagen an Döllinger irre geworden, da es doch gar nicht nothwendig gewesen wäre; sie haben seine Worte mißdeutet und falsche Absichten ihm unterlegt. Döllinger spricht allerdings mit einem Freimuth, an den sich nicht Jeder sofort gewöhnen kann, er hat aller geistigen Verschlossenheit auf dem Gebiete der Theologie den Krieg erklärt, er steht auf hoher Warte und hat den umfassendsten Ueberblick über die kirchliche Gegenwart und die ganze Kirchen- und Profangeschichte, verbunden mit der rechten Einsicht in die Bedürfnisse unserer Zeit und der wärmsten Liebe für die Kirche.

Hergenröther in Würzburg, der von uns, seinen Schülern allen, hochverehrte Lehrer, bildet in mancher Beziehung das wissenschaftliche Complementum zu Döllinger. Geht der Meister in München hie und da wirklich zu weit, so versteht es Hergenröther ganz unübertrefflich zu ergänzen, zu berichtigen, einzudämmen und die Marksteine zu setzen; es ist das in den letzten Jahren mehrfach geschehen und so mußte die ganze volle Wahrheit an den Tag treten. Hergenröther besitzt ein reiches gediegenes Wissen, gewonnen durch die fortwährend angestrengteste geistige Thätigkeit; er kennt aber auch die Strömungen der Zeitideen genau. Seine Rede auf der Würzburger Generalversammlung war ein Meisterstück voll heller scharfbegrenzter Gedanken. Mit ihm das thätigste Mitglied des Comité's in Würzburg war

Professor Hettinger. Er ist wohl der bedeutendste Apologet der Kirche in unseren Tagen. Er docirt auch Apologetik, welche die Uebergangsdisciplin von der Philosophie zur Theologie bildet. Hettinger hat eine großartige philosophische Weltbetrachtung, die wahrhaft christlich und katholisch ist; die schönsten und tiefsten Gedanken aller Zeiten hat er aufgesammelt und hat es verstanden, in allen bisherigen philosophischen Systemen das Wahre vom Falschen zu sondern, die zerstreut vorhandenen Wahrheiten zu vereinigen und so die ganze philosophische Wahrheit zu finden. Seine Apologetik können wir in die Bibliothek der Classiker des katholischen Deutschlands im 19. Jahrhundert stellen. Seinen Worten lauscht jede Versammlung gerne, ob er nun auf der Kanzel, dem Katheder oder auf der Rednerbühne erscheint; er hat in Frankfurt und in Würzburg meisterhaft gesprochen.

Denzinger präsidirte der Würzburger Gelehrtenconferenz, welche eine Adresse an den heiligen Vater absendete. Denzinger ist gründlicher Dogmatiker und genauer Kenner aller philosophischen Systeme. Ein durchgearbeiteter Geist, ein innerlich abgeschlossener und einiger Charakter, angelangt auf der Glanzeshöhe des Wissens, trotz aller Gebrechlichkeit des Körpers. In der Debatte von feiner Geistesgegenwart, sicher und gemessen in der Rede, versehen mit einem reich ausgestatteten Arsenal von Gedanken, zur Einheit und Liebe Alle mahnend, hat er seine Aufgabe als Vorsitzender der Conferenz entsprechend gelöst.

Die Würzburger Professoren sind die Zierden jedes Gelehrten-Congresses und noch mehr jeder Katholiken-Versammlung.

Abt Haneberg in München, persönlich wohl die würdigste und schönste Erscheinung im ganzen deutschen Mönchthum, als erwählter Bischof von Trier neuerdings auf die Leuchte gestellt, der Kenner von 15 Sprachen, für Hunderte ein unvergeßlicher Lehrer und einer der ersten Kanzelredner Deutschlands, ist auch einer der Urheber der Münchener Gelehrtenversammlung.

Mit ihm und Döllinger hat Professor Alzog in Freiburg das bekannte Ausschreiben erlassen. Alzog ist durch sein geschickt angelegtes Handbuch Lehrer der Kirchengeschichte nicht bloß in Hildesheim und Freiburg, sondern für einen großen Theil der jungen Theologen in ganz Europa geworden. Das Buch gleicht den schönen Mosaikbildern in der Peterskirche in Rom und hat den reichsten Nutzen gestiftet. Alzog war beim Frankfurter Katholikencongreß.

Professor Reusch in Bonn, einer unserer bessern Exegeten, vermittelt uns Deutschen auch durch vollendete Uebersetzungen die besten Werke des Cardinals von England. Wiseman zählt nämlich auch zu jenen Schriftstellern, welche die katholische Kirche liest. Vor hundert und mehr Jahren las man in Deutschland die Meister des englischen Deismus, die Freidenker Shaftesbury, Locke, Morgan, Woolston, Toland; heute liest alle Welt die Wiseman, Faber, Newman, Marshall, Dalgaires und Manning; vor weniger als 100 Jahren lieferten von Frankreich aus Voltaire, Rousseau, d'Alembert, Diderot und die andern berüchtigten Encyclopädisten die geistige Nahrung für die „Gebildeten" in Deutschland; heute lesen wir sofort im Original oder in Uebersetzung, was Dupanloup, Montalembert, L. Veuillot, Ségur, P. Gratry, Nicolas u. A. schreiben. Allerdings hat man in Deutschland auch Renan verschlungen und „Le Maudit" übersetzt; aber sind nicht ebenso die mitunter ausgezeichneten französischen Gegenschriften und Apologien von Dupanloup und Felix, von Freppel, Lasserre, Veuillot und Ségur, von

Pressensé und Parisis, von Scherer und Coquerel, von Lamy und Nicolas bei uns eingebürgert worden? Nie, seit es eine christliche Literatur gibt, ist die Apologetik in solcher Blüthe gestanden wie in unseren Tagen, in denen nicht etwa Dutzende, sondern Hunderte von gewandten Schriftstellern für Christus den Herrn und seinen Stellvertreter auf Erden (besonders seit 1859) aufgetreten sind.

Professor Bosen aus Köln ist ebenfalls einer der bessern Apologeten der Kirche in unserer Zeit, auf den Generalversammlungen tüchtig in der Geschäftshandhabung, in der Debatte sprachgewandt und ein besonderer Kenner der socialen Verhältnisse. Bosen spricht schnell, aber kein Wort in seiner Rede ist zuviel, jeder Satz ist scharf und klar gedacht.

Professor Reinkens aus Breslau saß mit Floß von Bonn im leitenden Comité der Münchener Gelehrtenversammlung. Er hat vor Kurzem in seinem „Hilarius von Poitiers" uns eine Monographie gewidmet, welche man neben Möhlers „Athanasius" stellen muß.

Professor Reischl aus Regensburg, wiederholt ein thätiges Ausschußmitglied auf den Generalversammlungen, mir und hundert Andern als Lehrer unvergeßlich, ist daran, das Werk seines Lebens, die Uebersetzung der heiligen Schriften, im Laufe des Jahres 1865 zu vollenden. Seit 12 Jahren arbeitet er rastlos daran und das Werk ist die goldene Frucht unendlicher Mühen: die Uebersetzung wird aber auch Generationen überdauern. Wir dürfen Reischl's Bibelübersetzung in die Reihe unserer katholischen classischen

Werke stellen, so gut als Möhler's Symbolik, Döllinger's Heidenthum und Judenthum, Hefele's Conciliengeschichte, Phillips' Kirchenrecht, Hettinger's Apologetik, Amberger's Pastoraltheologie, Dieringer's Epistelbuch, Lasaulx' Philosophie der schönen Künste, Stöckl's Philosophie des Mittelalters, Kleutgen's Theologie der Vorzeit, die Legende von Alban Stolz u. A. Die meisten dieser Werke sind seit 1848, genauer noch in den letzten 12 Jahren, entstanden und sind die Vorboten einer großen katholischen Literaturperiode, für welche die treibenden Kräfte und die Bedingungen zu großen Thaten bereits vorhanden sind. Daß sich auch die Schönheit und Macht der Sprache bei den Unsrigen von Jahr zu Jahr steigert, kann keinem Beobachter entgehen; ich nenne nur die Namen Haffner, Molitor, Redwitz, Hahn-Hahn. Man müßte hier ebenfalls noch die Stolberg'sche Kirchengeschichte, Damberger's Synchronistische Geschichte des Mittelalters, das Riesenwerk von Gfrörer über Gregor VII. und sein Zeitalter, die großen Werke von Friedrich von Hurter erwähnen*). Auch Sepp's Jerusalem ist ein

---

*) Im Jahre 1748 erschienen die drei ersten Gesänge des Messias von Klopstock, denen sich in den folgenden 25 Jahren noch weitere 17 Gesänge anreihten, während gleichzeitig auch die weitrauschigen Oden gesungen wurden; 1764, also vor 100 Jahren, gab Winckelmann seine Kunstgeschichte heraus und hat damit der bisher starren und unbeweglichen Kunstgeschichte neue Bahnen eröffnet; von 1759 erschienen Lessings Literaturbriefe und stehen an der Spitze der neuen Literaturperiode. Und

Prachtwerk von dauerndem Werthe. Professor Sepp hielt auf den ersten katholischen Generalversammlungen brillante Reden, zuletzt trat er in München auf; in seinem neuesten Buch gipfelt die deutsche Polemik gegen Renan und die modernen Christusläugner und es stellt sich neben und über die ähnlichen Schriften von Heinrich, Haneberg, Deutinger, S. Brunner, Wiesinger, Michelis, Daumer, Hahn-Hahn und so vieler Andern.

Michelis von Braunsberg hat auf den Generalversammlungen mitunter etwas von der Heftigkeit des Tertullian an sich gehabt, ja er kann sogar in der Debatte unparlamentarisch werden, da er die Leidenschaft mitspielen läßt und die Natur ihm eine kleine Portion Querköpfigkeit mitgegeben hat. Dabei aber nährt er eine glühende Liebe für Vaterland und Kirche und hat die redlichste Gesinnung von der Welt. Als er 1862 beim ersten großdeutschen Congreß im Frankfurter Saalbau nach Wildauer aus Innsbruck sprach, traf er den Nagel auf den Kopf und erregte einen wahren Sturm von Enthusiasmus. In der äußeren Erscheinung nicht unähnlich mit Michelis von Braunsberg ist Professor Reinerding von Fulda, als Dogmatiker neuestens in Deutschland bekannt geworden. Er hat lange in England als Lehrer gewirkt und

---

aus diesen Anfängen entwickelte sich bekanntlich jene zweite classische Periode der deutschen Literatur, der es an zwei wesentlichen Dingen gebrach: an der christlichen Weltanschauung und der national-patriotischen Gesinnung.

kennt die englischen Verhältnisse durch und durch. Stille Wasser gründen tief, das gilt von ihm; er ist still, schweigsam, in sich gekehrt, eine innerliche und innige Natur. Seine Augen sind voll sonniger Gedanken, Milde und Wohlwollen strahlt aus seinem Angesichte. Professor Janssen in Frankfurt hat im Jahre 1863 im Saalbau seine Erstlingsrede auf einer Katholikenversammlung gehalten; die Rede hat durchgeschlagen. Janssen ist in der Schule Böhmer's, des Verfassers der epochemachenden Kaiserregesten, zum Historiker herangebildet worden, auch mit Ficker in Innsbruck und Arnold von Marburg in Böhmer's geistiges Erbe eingetreten. Er wäre wohl der geeignetste, uns eine „deutsche Geschichte" zu schreiben, die allen billigen Anforderungen entspricht; denn Giesebrecht's Kaisergeschichte wird der Kirche des Mittelalters durchaus nicht gerecht. Auch müssen wir neben Döllinger's allgemeiner Kirchengeschichte noch eine „Kirchengeschichte Deutschlands" erhalten, da Rettberg's Werk unvollendet geblieben ist. Es fehlt nicht mehr an katholischen Historikern in Deutschland; und mächtig haben die Protestanten vorgearbeitet; ich nenne nur Onno Klopp in Hannover, Höfler in Prag, Bader, Huber, Hergenröther in Würzburg, Marx in Trier, Dudik, Gindely, Kampfschulte in Bonn, Niehus, Rump und Hülskamp in Münster, C. Will in Nürnberg, Lämmer in Breslau, der nun freilich Dogma zu dociren hat, Reinkens in Breslau, Alexander Kaufmann in Wertheim, Cornelius, Friedrich und Pichler in München, Roth von Schreckenstein, Watterich, Dominicus, Offenbeck, Ennen, Remling, Junckmann, Kiesel, Bumüller, Weiß, Kerker, Alberdingk-Thijm.

Die Herren sollten sich nur öfters sehen, denn man weiß erst, was man ist, wenn man sich in Andern wiederfindet. Durch Böhmer — meine Seele ist noch voll von dem großen Manne, wie ein Thautropfen von der Morgensonne, — Pertz, Chmel, Theiner u. A. sind für die historische Forschung gewaltige unvergängliche Unterbauten gemacht und vollendet worden; an den Jüngern ist es nun, die Gebäude aufzuführen, Stockwerk für Stockwerk, und sie nach Innen wie nach Außen im Sinne der Meister zu vollenden.

Der Stoff überwältigt mich, ich überschreite die mir gesteckten Grenzen. Wie viele Namen müßte ich hier noch nennen, die mit der Münchener Gelehrtenversammlung oder mit dem letzten Katholikencongresse in Verbindung stehen? Die Universitätsprofessoren Reithmayer, Rietter und Stadlbauer von München, Mayr von Würzburg; die gelehrten Benedictiner Rupert Mittermüller von Metten, Gallus Morel von Einsiedeln, Bonifacius Gams von München; die Professoren Schegg von Freising, Hähnlein von Würzburg, Zobl von Brixen, Uhrig und Schmid von Dillingen, Engelmann von Regensburg, Scheeben von Köln, Dischinger und Strobl in München, Hagemann von Hildesheim, Pfahler von Eichstädt, Kraus von Regensburg,

Brandner und Schöpf von Salzburg, Nirschl und Greil von Passau; ferner die jüngeren Herren Constantin von Schäzler in Freiburg, Langen in Bonn, Wingerath, Silbernagel, Friedrich, Pichler und Wirthmüller in München, Hiz, Kaiser, Kagerer, J. M. Schneider, J. Denzinger, Bach, H. Hayd, Pfeifer, Kaufmann in München und Thinnel von Neiffe; die Pfarrer Dr. Westermayer (berühmter Kanzelredner), Schmid von Amberg, Dr. Smelch von Lichtenstein, Dr. Clos von Feldaffing, Dr. Zinsler von Gablingen, Wick von Breslau, Dr. Zailler; endlich die Domcapitularen Rampf und Herb von München, W. Maier von Regensburg, Dür von Würzburg, Freund von Passau, Werner von St. Pölten, Dompropst Ernst von Eichstädt, Canonicus Eberhard von Regensburg, Hofprediger Lierheimer von München u. s. w.

In der That, der Himmel hat gegenwärtig Geistesgaben aller Art über das katholische Deutschland ausgestreut, die Anfänge zu einer katholischen Literaturperiode scheinen vorhanden. Sie sollen getragen sein von der Liebe zur Religion und Kirche — der tiefen Glaubensbefriedigung — wie zum Vaterlande — dem starken Nationalgefühl — und also durchbrungen von der wahren christlichen Weltanschauung — dem vollendeten Weltbewußtsein, das die Gegenwart kennzeichnet.

Von den Männern und Vertretern der deutschen Presse muß noch ein Wort gesprochen werden.

Dr. Ernst Zander von München erscheint mei=

stens als Vertreter der Presse auf der Tribüne. Hat er doch bereits vor zwei Jahren sein 25jähriges Hochzeitsjubiläum gefeiert, d. h. das Jubiläum seiner mit der Presse geschlossenen Ehe. Der tapfere Jubilar streitet aber noch rüstig wie ein jugendlicher Kämpe, und der Bürger und Landmann liest jeden Tag mit neuem Behagen den starkgewürzten „Volksboten". Obwohl Zander kein sehr bedeutender Redner ist, wird er doch, so oft er auftritt, mit donnernden Bravo's empfangen, und wenn er von der Rednerbühne herabsteigt, will der Beifall kein Ende nehmen. Er nennt eben das Kind beim rechten Namen, verschont Niemanden, schwingt auch, wo's nöthig ist, die Siebenschwänzige und mischt Humor und Witz reichlich in die Rede. Die diversen Orden auf dem tadellosen Fracke, die buschigten Brauen, das Zwicken mit den Augen, das sarcastische Lächeln, das den Mund umspielt, machen den Redner doppelt interessant.

Gilt es, über katholische Preßsachen Rath zu vernehmen, so muß man Zander und Jörg von München, Sausen von Mainz und Sebastian Brunner von Wien vor Allen hören.

Freilich J. B. von Pfeilschifter in Darmstadt ist älter als alle Genannten, ja er ist der älteste unter den jetzt lebenden katholischen Publicisten Deutschlands. In Pfeilschifter, schreibt der Literaturhistoriker Moritz Brühl, vereinigt sich in seltenem Maße vielseitiges Wissen, ausnehmende Belesenheit und reiche Erfahrung. Seit 1815 ist Pfeilschifter als Publicist thätig und war lange Zeit, Jahrzehnte lang, fast allein

Vertreter des Princips der rechtmäßig bestehenden Autorität und der politischen Ordnung, und auch die Zielscheibe der Angriffe, des Spottes und der Verleumdung aller Gegner derselben. Aber von den Publicisten gilt doppelt das Wort des englischen Dichters: „Was Männer sind und können — offenbaren wird sich's, wenn sie das Aeußerste befahren." Wir Publicisten müssen wissen, was es heißt: „Zwischen Leu'n und Leoparden die Welt zu durchzieh'n mit fliegenden Standarten." Und wiederum: „Ein Jammer ist's, den Jammer nicht zu kennen; und Unglück ist's, bist du unglücklich nicht: der beste Weg, die Wahrheit zu erkennen, ist der, wo sie ein Dornenkranz umflicht."

Neben Zander von München nenne ich Bachem von Köln. Bachem ist allerdings Buchhändler, aber ich halte ihn auch für einen ausnehmend geschickten Redacteur; in den Sectionssitzungen wie in den geschlossenen Versammlungen ist er der namhafteste und geschäftskundigste Vertreter der Presse, und führt meistens die Sache besser als die eigentlichen Redacteure. Seine Zeitung, die „Kölnischen Blätter", wird Bachem im Jahre 1865 auf 6000 Abonnenten bringen, was eine sehr respectable Verbreitung ist; das Organ ist bereits eines der größten am Rhein und sehr geschickt und den rheinischen und preußischen Bedürfnissen entsprechend redigirt. Hätten wir gleich vortreffliche und gleich verbreitete politische Zeitungen in Mainz, Karlsruhe, Stuttgart, Augsburg, München, Innsbruck, Wien, Prag, Breslau, Münster, so wäre für unsere politische Presse genügend gesorgt.

Der jüngste deutscher Publicisten ist vielleicht Franz Hülskamp in Münster, aber es gebührt ihm vor Vielen die Palme, denn er hat den ersten großen Sieg katholischerseits in der Presse errungen. Es sind nun drei Jahre, daß Hülskamp mit seinem Freunde Hermann Rump den "Literarischen Handweiser" begründete. Heute, Ende December 1864, zählt der Handweiser an 6000 feste Abonnenten und vielleicht 30,000 Leser; alle Literaturblätter Deutschlands, die protestantischen wie die katholischen zusammengenommen, zählen nicht mehr Abonnenten als der Literarische Handweiser. Ein solches Verhältniß ist bisher noch nicht dagewesen in Deutschland. Die Zeit des Todtschweigens wie des Todtgeschwiegenwerdens ist ein für allemal für uns Katholiken vorbei. Hülskamp ist nicht bloß Kritiker und Literaturhistoriker, sondern auch Philolog, Exeget, Kirchenhistoriker, selbst etwas Dichter, und im Saalbau zu Frankfurt hat er sich 1863 auch als Redner erwiesen. Auch ihm, dem thatenfreudigen Sohne der rothen Erde Westphalens, von Herzen ein ad multos annos!

Dr. Ludwig Lang von München zählt zu den fleißigsten Besuchern der Katholikenversammlungen und ist meist als Secretär während des Congresses unermüdlich thätig. Auch Dr. Lang hat besonders in den letzten Jahren der katholischen Presse große Dienste erwiesen. Das "Münchener Sonntagsblatt" erweitert er immer mehr und zieht die besten schriftstellerischen Kräfte Deutschlands nach und nach in den Kreis der Mitarbeiter, so daß das Blatt mit "Heimgarten" und

"Sonntagsfreude" concurrirt. Das "Josephsblatt", welches Lang monatlich herausgibt, zählt bereits über 40,000 Abonnenten und wird zu Ende des Jahres 1865 wohl deren 100,000 zählen, da es nur 12 Kreuzer kostet. Wie armselig stand es um unsere illustrirten Blätter noch im Jahre 1862! Darum soll man nie verzagen, sondern zu frischen Thaten muthig schreiten und herzhaft auf den lieben Gott vertrauen.

Zu gesonderten Sitzungen der Vertreter der Presse wie in Mecheln ist es meines Wissens auf den deutschen Katholikenversammlungen noch nicht gekommen; aber jedesmal hörte man Klagen über die Presse und wurde scharfer Tadel gegen die Männer der Presse ausgesprochen. So zahlreich wie in Mecheln erscheinen auch, wie gesagt, in Deutschland die Publicisten nicht, und die, welche erscheinen, haben lange nicht das Selbstbewußtsein wie die belgisch-englisch-französischen Publicisten, die sich als ein hochgeachteter Stand fühlen und geltend machen.

Von katholischen Publicisten, die ich auf Katholikenversammlungen (und auf den beiden großdeutschen Congressen in Frankfurt) kennen lernte, nenne ich hier: Dr. Max Huttler von Augsburg, den unermüdlichen Eiferer für das Wohl der Presse des katholischen Deutschlands, Hoyssack aus Wien, Dr. Krebs aus Köln, Dr. Stumpf aus Koblenz, Hermann Kuhn aus Berlin, Daumer von Würzburg, Planer von Landshut, Dr. Frankl aus Gran in Ungarn, Dr. von Mayer aus Ungarn, Aichinger aus Pondorf, Riebinger und Hällmayer von Speyer, Stamminger, den fleißigen und unternehmenden Redacteur des „Chilianeum" in Würzburg, Thüren von Aachen u. A.

Noch ist hier des jüngsten Kindes der katholischen Generalversammlung zu gedenken, des in Würzburg gegründeten und organisirten „Vereins zur Herausgabe zeitgemäßer Broschüren", dessen leitendes Comité seinen Sitz zu Frankfurt a. M. hat. Heinrich von Mainz und Thissen von Frankfurt stellten in Würzburg den Antrag, die Generalversammlung möge den Verein begutachten und empfehlen. Kleine Anfänge waren durch Herrn Geistl. Rath Thissen schon vor der Würzburger Versammlung in Frankfurt gemacht worden.

Der Broschürenverein, der jährlich zehn Broschüren liefern will, fand und findet in ganz Deutschland außerordentlichen Anklang. Heute, Ende December 1864, ist die Zahl der festen Subscribenten bereits auf 20,000 gestiegen und wird bei gleichem Steigen noch im Januar 1865 die Zahl 25,000 erreichen. Domcapitular Thissen ist noch auf allen Generalversammlungen, denen er anwohnte, das anregende Element gewesen; er versteht es vortrefflich, Ideen auszustreuen und die größte Versammlung für dieselben zu begeistern; die Realisirung der Ideen müssen aber Andere mit übernehmen. Thissen hat die Schwierigkeiten der parlamentarischen Technik bis zur Virtuosität überwunden und ist in den Sectionen und geschlossenen Versammlungen meist ein treibendes Agens und oft allein das leitende Haupt, das sich im Selbstbewußtsein großer technischer Meisterschaft in der Debatte wohl auch augenblicklichen Eingebungen überlassen darf. Sein Bruder

A. Thissen von Aachen ist ein geborner Secretär der katholischen Generalversammlungen.

Viertes Kapitel.
Charitas.

Der selige Himioben sagte in einer Rede auf der Generalversammlung der katholischen Vereine Deutschlands zu Salzburg 1857 am 24. September: „Alle Schwarzseher und Pessimisten sollten sich daran gewöhnen, unsere Zeit als eine große zu erkennen, weil dieselbe eine triumphatorische ist. Ich kann nicht umhin, meine Zeit eine große zu nennen, und ich erachte es als ein großes Glück, daß mich Gott im 19. Jahrhundert hat leben lassen. Nach der apostolischen und nach der constantinischen Zeit kann mit Recht keine andere groß genannt werden, als gerade unsere Zeit."

Ich theile die Anschauung des seligen Himioben, obwohl ich häufig mit mehreren der extremsten Pessimisten in Deutschland verkehrt habe. Und den Grund hiefür schöpfe ich zunächst und fast ganz allein aus den unermeßlich großartigen Werken und Schöpfungen der christlichen Nächstenliebe auf dem ganzen christlichen Erdkreise. Es ist so schlecht nicht bestellt um das Reich Gottes auf Erden, wo solche Werke entstehen, wie sie bereits mehrfach dem katholischen Deutschland sind geschildert und vorgeführt worden. Die Strahlen der christlichen Liebe erleuchten die ganze Welt.

Man könnte freilich das Jahrhundert von 1764—1864

das „Jahrhundert der großen Kirchenräuber" nennen. Im November 1764 decretirte Ludwig XV. die Aufhebung des Jesuitenordens in Frankreich, nachdem König Joseph Emanuel I. von Portugal bereits 1759 das Gleiche gethan hatte; am 3. April 1767 wurden die spanischen, am 20. November 1767 die neapolitanischen Jesuitenhäuser unterdrückt. Der 1764 zum deutschen Kaiser erwählte Joseph II. von Oesterreich hat in seinen Erblanden 700 Klöster aufgehoben; noch gründlicher verfuhren bekanntlich die Männer der Revolution von 1789 in Frankreich. In Deutschland folgte 1803 die mit Brutalität durchgeführte Säcularisation. Am 28. Mai 1834 wurden durch königliches Decret sämmtliche Mönchsorden in Portugal (an 400 Klöster) aufgehoben; am 25. Juli 1835 säcularisirte die spanische Regierung 900 Klöster, die Hälfte der in Spanien bestehenden, und am 9. März 1836 erklärte ein königliches Decret sämmtliche noch übrige Mönchsklöster, Convente, Collegien und Congregationen für aufgehoben. In Italien haben die Piemontesen seit 1860 wenigstens 800 Klöster aufgehoben, ja vernichtet, und über die noch bestehenden, sowie über alle Collegiatstifte, Capitel und über alles Kirchengut überhaupt wird nächstens das Todesurtheil gesprochen; denn wie nichts den Durst des Wassersüchtigen stillt, quält auch die Kirchenräuber mit dem Besitz das Verlangen. Am 28. November 1864 ließ der Czar von Rußland in Polen 125 Klöster schließen (von 155, die im ganzen Lande bestanden); die Mönche wurden so behandelt, daß wir sie als Martyrer betrachten dürfen.

6*

In der That, das Jahrhundert der Aufklärung kann sich glorreicher Heldenthaten rühmen. Der schrecklichste Kirchenraub hat nun die Runde durch Europa gemacht, und der moderne Staat hat tausendjährige Rechte tausendfach mit Füßen getreten. Aber sie säeten in Sand und pflügten im Meere. Denn die Kirche hat diesen Gewaltmaßregeln gegenüber ihre unvergängliche Lebenskraft abermals auf's Herrlichste bewährt. Aus Trümmern und Ruinen sproßte neues Leben auf; die Orden und Congregationen des 19. Jahrhunderts wetteifern an Reinheit, Strenge und heiliger Begeisterung mit dem Mönchthum der schönsten Zeiten der Kirche, und die gottgeweihten Jünger und Jüngerinnen der christlichen Barmherzigkeit sind wieder zahllos wie die Sterne am Firmamente, und ihre Thätigkeit ist gerade diejenige, welche allein dem letzten Aeon der Weltentwickelung, unserm Weltzeitalter des Dampfes und des Blitzes, entspricht.

Die katholischen Generalversammlungen beschäftigen sich vorzüglich mit Charität; sie ist deren eigenstes Gebiet, mehr noch als Wissenschaft und Kunst. Die Thätigkeit der Generalversammlung gipfelt im charitativen Elemente, denn die practisch in's Werk umgesetzte Gottes- und Nächstenliebe ist Religion. Unter den Geisteskräften entspricht die Phantasie der Kunst, der Verstand der Wissenschaft, dem Willen aber die Charitas, und der freie Wille ist die höchste entscheidende Macht im Menschengeiste. Die Kunst setzt voraus das Können, die Wissenschaft das Denken, die Charitas aber das Handeln, die lebendige That, die allezeit den Ausschlag gibt. Die Wahrheit will nicht bloß bewiesen, sie will auch erlebt sein; Kunst und Wissenschaft sind die unausbleibliche Frucht der wahren Religion; die Wissenschaft ist nicht das Licht, aber sie soll Zeugniß geben von dem Lichte. Die Kunst beschäftigt sich mit dem Schönen, die Wissenschaft mit dem Wahren, die Charitas mit dem Guten; das Schöne, das Wahre und das Gute aber sind die drei höchsten Kategorien, sind die Grundbedingungen der höhern geistigen Thätigkeit, sind die Anknüpfungsideen an Gott, welcher ist die Urquelle und das Urbild alles Seins und Ruhe- wie Zielpunkt alles menschlichen Forschens und Strebens, zu dem der Menschengeist eine centripedale Richtung hat. Wenn es richtig ist, daß der denkende Geist überall nur in der Einheit dreier Beziehungen sich zufrieden gibt, und daß wir allenthalben das Bild der Dreieinheit finden können und finden sollen, so weiß ich nicht, wo diese Dreieinheit, wo das innere Leben besser und vollgültiger zum Ausdruck kommt, als in Kunst, Wissenschaft und Charitas; wer diese drei erfaßt, hat alle menschlichen Befähigungen ergriffen, und eine Versammlung von tausend Männern, die sich mit den dreien beschäftigt, muß unter allen Umständen von großer Bedeutung sein, sie hat einen wahrhaft universalen Charakter.

Der Leser erwarte aber nicht, daß ich ihn hier in die Einzelnheiten einführe und ihn mit Allem aus dem Gebiete der christlichen Nächstenliebe bekannt mache, was die Generalversammlungen bereits beschäftigt hat; das gäbe Stoff zu einem Buch, umfangreicher als jenes, das Bischof Dupanloup vor einiger Zeit über die Charitas geschrieben hat. In Mecheln allein: wie viele große und wichtige Themate hat die erste und zweite Section (oeuvres religieuses und économie chrétienne) in den Kreis ihrer Berathungen gezogen, der fünften Section gar nicht zu gedenken, deren Verhandlungen, stets von wenigstens tausend Mitgliedern besucht, sich ebenfalls oft auf dem gleichen Boden bewegten. Da frug man sich: was können die einzelnen Laien thun, um das Volk im Glauben der Väter zu erhalten und zu stärken, zur Beobachtung der Gebote Gottes und der Kirche anzuleiten und den antireligiösen Doctrinen energischen Widerstand entgegenzusetzen? Man beschloß, darauf hinzuwirken, daß in allen Städten Männerconferenzen abgehalten werden, in welchen zunächst die Glaubenswahrheiten erläutert werden sollten, daß während der Fastenzeit das Volk Gelegenheit habe, geistliche Uebungen mitzumachen und sich geistig zu erfrischen. Auch durch fromme, wohlfeile Schriften soll geistige Nahrung den Armen geboten werden. Viel wurde darüber gesprochen, wie die Wallfahrten wieder zu beleben seien, sowohl die Rom- und Jerusalemsfahrten, als die Wallfahrten zu den im Lande sich befindlichen Gnadenorten, mit deren Geschichte und Vergangenheit das Volk genau bekannt gemacht werden soll. Man frug sich: wie sind die Mißbräuche bei Wallfahrten zu verhüten, wie kann jeder Pilgerfahrt der religiöse und erbauliche Charakter bewahrt bleiben? Es wurde beschlossen, alle die Gesellschaften und Vereinigungen besonders zu pflegen, welche den Zweck haben, die Lehrlinge und die Arbeiter zu versammeln, zu belehren, zu erbauen, vor dem Bösen zu bewahren. Wie sind die Abendversammlungen einzurichten, wie die sonntäglichen Uebungen zu halten, die Krankenbesuche bei den Arbeitern zu machen u. dgl.? Die Vereinigung des sog. dritten Ordens, das Werk des hl. Franz Xaver, von St. Johann Baptist und der heiligen Familie kamen da zur Sprache. Der Mechelner Congreß warf auch seine Sorge darauf, daß vom Staat aus gesetzlich das Alter bestimmt werde, in welchem Kinder verwendet werden dürfen in die Fabriken und in Minen; daß die Arbeiter gesunde Wohnungen erhalten und in einzelnen Quartieren nicht in Ueberzahl untergebracht werden; daß die tägliche Arbeit nicht eine übermäßige Dauer habe, die Geschlechter bei der Arbeit nicht gemischt seien u. s. w. Besonders suchte man auf die Chefs der Industrie, auf die reichen Fabrikherrn zu wirken, daß sie für die Kinder ihrer Arbeiter, für die kranken Arbeiter sorgen, die Frauen der Arbeiter, welche Mütter sind, nicht zur Arbeit zwingen und überhaupt nach den christlichen Principien ihre Untergebenen behandeln. Die Fabrikherrn Jean Dollfus von Mühlhausen und Lowell von Amerika wurden als Muster hingestellt, denen de Hemptinne von Gent hätte beigefügt werden können. Anicet Digard und Audiganne, beide von Paris, haben dem Mechelner Centralcomité ihre reichen Erfahrungen in diesen Beziehungen zur Verfügung gestellt. De Riancey von Paris wurde der begeisterte Advocat der „Patronage", der er die allerweiteste Verbreitung und die großartigste Organisation wünscht und sie ausschließlich auf Freiheit und Liebe begründet wissen will. Die Errichtung von Gesellenvereinen in romanischen Ländern wurde angelegentlichst befürwortet. Graf Lemercier und Marbeau von Paris hatten über die Verbesserung der Zustände unter der arbeitenden Klasse und besonders über die Beschaffung von gesunden Wohnungen ausführliche Gutachten dem Centralcomité abgegeben, die auch im Programm ausführlich verwerthet wurden. Besonders interessant waren die Debatten über die Art und Weise, wie der überhandnehmenden Trunksucht unter den Arbeitern entgegengewirkt werden könne. Das Größte in diesem Punkte in unserm Jahrhundert hat bekanntlich P. Matthew in Irland geleistet, der dadurch dem irischen Volke vielleicht noch mehr nützte als der große O'Connell. Auch die Gefangenen wurden in Mecheln nicht vergessen; der Congreß hat sich für das Zellensystem erklärt und die Vereine zur Unterstützung der entlassenen Sträflinge befürwortet und auf's Wärmste empfohlen.

Diese Männer beschäftigten sich in der That mit Allem, was zum Heile und Wohle ihrer Mitbrüder abzielt.

Die am öftesten und lebendigsten in der zweiten Section sprachen, waren de Riancey, Graf Lemercier, Perin, Jacobs von Antwerpen, Dognée, Lenormant, Digard, Beslay, Jean Casier, P. de Robiano, Graf Legrelle, de Richecourt, de Gendt, Vandenest und besonders Vicomte de Melun, der mit Marbeau und Baudon in Paris alle Fäden der christlichen Charität in seiner Hand zusammenleitet und außerordentlich viel Gutes gestiftet und gegründet hat.

In der ersten Section, welcher, wie erwähnt, Graf Villermont präsidirte, waren die Debatten sehr lebendig, ja mitunter feierlich-großartig; am meisten betheiligten sich an denselben de Hemptinne von Gent, der Rechtsgelehrte Wauters von Gent, Lamy von Löwen, de Haulleville von Brüssel, O'Reilly von Irland, P. Gay, P. Boone und P. de Buck, die Bollandisten, Lemmens, Abel Le Tellier, Comte Edgar du Val de Beaulieu, Abbé Kestens von Löwen, Abbé Geandre, Abbé Geslin von Kersolon in Frankreich, Redacteur des „Ouvrier", P. Van Caloen, P. Antoine, Demulliez, Terwecoren, Abbé Gaultier von Brüssel, Fassin von Verviers, Ritter Van Tropen, Bosaerts, Verspeyen, Abbé Bataille, de Caulincourt, Pagasartunbua aus Madrid, Malengié, Peeters, Beckers, de la Royère aus Frankreich, Vicomte d'Authenaisse aus Frankreich, Devaur, Putsaert und Andere, deren Namen mir entfallen sind. Alle aber herrliche Gottesmenschen, die mich, so oft ich sie sah, erfreuten und erbauten, Männer von klarem, starkem und gesundem Verstand, die einen freien Blick in's Leben haben, und deren Herz schlägt für das Volk, die dessen Leiden und Freuden theilen, Kenntniß nehmen von seinen Bedürfnissen, deren Namen auch gepriesen und gesegnet sein wird von den Kindern und Kindeskindern Derjenigen, denen sie, wandelnd die Wege der Barmherzigkeit, an Leib und Seele geholfen haben.

Auf dem Mechelner Congreß wurden mit besonderer Energie die religiösen Genossenschaften vertheidigt; sie sind ja in unsern Tagen insbesondere die Zielscheibe des Spottes, der Verleumdung und der maßlosesten und ungerechtesten Anklagen geworden. Baron von Gerlache widmete in der Eröffnungsrede der Vertheidigung der religiösen Genossenschaften den glänzendsten Passus; Advocat Woeste aus Brüssel hielt eine meisterhafte Rede über die Orden vor der ganzen Versammlung; oft kamen die Redner auf das gleiche Thema zurück, und Graf Villermont setzte den Paragraph über die Orden in erster Linie auf die Tagesordnung. Der Gegenstand wurde in der Section durch de la Royère, Verspeyen, O'Reilly, Grafen du Val de Beaulieu, Vicomte d'Authenaisse, Lamy, Vicomte de Kerckhove, Ducpetiaur u. A. auf's Ausführlichste durchgesprochen. So hat auch die Würzburger Generalversammlung für die Orden eine energische Resolution erlassen, und der Frankfurter Broschürenverein wird die Frage der Orden demnächst in einer Flugschrift behandeln. Der Mechelner Congreß beschloß ebenfalls, populäre Werke über den Ursprung, den Charakter und die Ausbreitung der Orden zu veranlassen und die Dienste, die sie der Menschheit geleistet, zu beleuchten im Lichte der Wahrheit; auch Biographien über die Ordensstifter zu verbreiten, im Unterricht darauf zu sehen, daß die Geschichte der Orden recht bekannt werde, und von der Kanzel, durch die Presse, durch die weiteste Publicität die Kenntniß über die Principien des religiösen Lebens zu verbreiten.

damit die Ordensleute darin einigen Trost finden mögen gegenüber den zahllosen Schmähungen und Verleumbungen, denen sie fortwährend ausgesetzt sind. Die in Mecheln anwesenden Laien gaben sich das Wort, keine Gelegenheit, die sich bietet, vorübergehen zu lassen, ohne den Ordensleuten einen Dienst zu erweisen, ihre Rechte zu vertheidigen, ihre Existenz zu schirmen, ihnen Ehrfurcht zu bezeugen und die Ausbreitung der Genossenschaften zu fördern.

Der Vollständigkeit und der Abrundung wegen nenne ich hier noch einige Namen von Mechelner Rednern in der fünften Section für religiöse Freiheit, in welcher sehr wichtige Gegenstände verhandelt wurden. Es ist mir aber nicht möglich, alle diese Männer des Näheren zu charakterisiren, denn wer kann in allen fünf Sectionen zu gleicher Zeit anwesend sein? Auch hat derjenige, der nur „Skizzen und Bilder" zu liefern verspricht, es ganz in seiner Macht, wo er will, die Grenzsteine zu setzen und in seinen Schilderungen abzubrechen, und der Leser hat nicht das Recht, irgend einen Vorwurf zu erheben, wenn etwa nicht Alles gesagt ist und nicht Jeder genannt wird. In Mecheln und Würzburg zusammen waren ja der Männer an siebentausend; wer vermöchte auch sie nur alle zu nennen! Auf vielen großen Gemälden bedeutender Künstler sieht man auch nicht immer alle dargestellten Persönlichkeiten in ganzer Figur, sondern die allermeisten nur halb oder im Gesichtsprofil. Dechamps und Neut präsidirten der fünften Section, zwei gewandte Kämpfer, wie wir wissen, und jedem Sturm in der

Debatte gewachsen; Dumortier von Brüssel und Coomans von Antwerpen, im belgischen Parlamente alt geworden, verstehen sich vortrefflich auf die Geschäftsführung; Senator della Faille und Graf de Theur, wie Cardinal Stercr treten hier auf und theilen mit von dem Reichthum ihrer Erfahrungen; der junge und tüchtige Advocat Woeste von Brüssel, Digard von Paris und der Publicist Lasserre sind die anregendsten Elemente in der Section, in der auch Don Almeida von Portugal, ein Redner süß und feurig wie die Weine seiner Heimath und überdieß einer der schönsten Männer des Congresses, sein Wort vernehmen läßt. Ducpetiaur, Dognée von Villers, Verspeyen, Geslin von Kersolon, Abbé Geandre begegnen uns auch hier wieder. Da tritt auch auf Don Ignacio Montes de Oca, Aumonier des Kaisers von Merico, Abbé Paquet, Professor an der Universität zu Quebec in Canada, Canonicus Rousseau, dann Jalheau, Stoffelt, Collinet, Landrien, de Smedt, Baron von Montreuil, Ritter de Schouteete, Nellaroya, Wigley von London und Ch. Thellier de Poncheville, Abbé Huybrechts. Mullois, der Pariser Abbé, ist uns Deutschen näher bekannt. In dieser Section saßen und sprachen auch die Generäle Capiaumont, Baron Greindl und der alte de Lannoy, der wie Capiaumont stets mit Beifall empfangen wurde.

Le Camus aus Paris repräsentirte den Pariser Bücherverein, der 1862 vorzüglich durch Vicomte de

Melun in's Leben gerufen, bis jetzt schon über 12,000 gute Bücher vertheilt hat; das leitende Comité besteht aus 18 Mitgliedern, denen eine weitere Commission von 50 Mitgliedern zur Seite steht.

Nehmen wir hiemit von Mecheln Abschied.

Die Generalversammlung der katholischen Vereine Deutschlands hat mehrere großartige Werke der Barmherzigkeit gegründet. Der Bonifaciusverein sei hier zuerst genannt. Er wurde in Regensburg 1849 constituirt. Aber schon lange vorher war Graf Joseph von Stolberg fast im ganzen deutschen Vaterland herumgereist, hatte rastlos bei Hoch und Nieder das Interesse dafür wach gerufen und mit begeisterter Energie vorgearbeitet. In Regensburg selbst zum Präsidenten gewählt, brachte er dann auch das große Werk zu Stande. Seitdem hat der Verein 67 Missionspfarreien, im Ganzen 212 Stationen, darunter 114 geistliche, das übrige Schulen für etwa 100,000 Katholiken in der nordischen Diaspora gestiftet; hievon unterhält der Bonifaciusverein 42 Stationen auf seine Kosten, den übrigen gibt er Zuschüsse. Aber noch fehlt unendlich viel; viele Stationen sind in Gefahr einzugehen, wenn nicht rasch geholfen wird; das ganze katholische Deutschland muß mitarbeiten, mitbeten, mitopfern, um die größte aller nationalen Unternehmungen, die Einigung unsers geliebten Vaterlandes im Glauben, zu Stande zu bringen.

Jährlich wird der Generalversammlung Bericht über den Bonifaciusverein erstattet; in Würzburg sprach Domcapitular Bieling von Paderborn im

Namen des Bischofs von Paderborn, Konrad Martin, der durch seine neueste Schrift unter den Protestanten eine so mächtige Bewegung hervorgerufen hat.

Viele Kräfte strengen sich an, um dem Bonifaciusverein eine größere Verbreitung zu geben; mögen ihre Anstrengungen gesegnet sein!

In Würzburg war auch der ungarische St. Ladislausverein durch den Domherrn Kubinszky und der bayerische Ludwig-Missionsverein durch Msgr. Freiherrn von Overkamp vertreten.

In zweiter Linie nenne ich den St. Josephsverein; er ist in Aachen begründet worden und hat zum Zweck, den in Paris, London, Havre, Lyon wohnenden Deutschen kirchliche Mittelpunkte zu schaffen. Canonicus Prisac aus Aachen führt die Geschäftsleitung, neben ihm Laurent und Lingens u. A. Der Verein hat in den ersten zwei Jahren außerordentlich wenig geleistet.

Die Missionäre unserer armen Deutschen in den Weltstädten haben wir nun schon dreimal in unserer Mitte gesehen. Arthur Dillon Purcell, Pfarrer der Deutschen in London, hat seit Jahren unendliche Mühe aufgewendet, um ein Centrum für die deutsche Mission herzustellen und es ist ihm endlich gelungen. Obwohl geborner Engländer, spricht er unsere Muttersprache ganz geläufig und tadellos; seine Rede wird zwar nicht begeistern, sie nimmt aber den Verstand gefangen und verfehlt ihren Zweck nicht. In Aachen 1862 war die deutsche Mission von London durch den Missionsprediger Adler aus der Diöcese Würzburg, in Frankfurt 1863 durch Böbbinghaus aus der

Diöcese Münster vertreten. Für die Deutschen in Paris hat der Jesuit P. Modeste bereits dreimal gesprochen. P. Modeste ist ein Lothringer und also mit beiden Sprachen Französisch und Deutsch gleich vertraut; seine Reden sind immer ganz vorzüglich ausgearbeitet und von mächtiger Wirkung; sie packen auch das Gemüth und zünden. Neben P. Modeste erscheint auch der Lazaristenpater Müllejans, ein Kölner, der die deutsche Mission im Quartier St. Marceau leitet, auch Abbé Braun, der viel für die Pariser Deutschen geopfert hat, war in Würzburg. Der fromme innige P. Lambert aus Havre hat uns privatim die äußerste Noth unserer Auswanderer in der französischen Hafenstadt geschildert. Was nützen all' die Klagen, wenn wir nicht helfen? Die 25 Millionen Katholiken Deutschlands — sollen sie denn gar nichts für ihre verlassenen Brüder in der Fremde thun können?

An dritter Stelle nenne ich den Gesellenverein. Es gibt nun Ende 1864 400 katholische Gesellenvereine in Deutschland; die Schweiz und Belgien haben ebenfalls einzelne Vereine. In Bukarest, Rom, Paris und London, sowie in St. Louis, Cincinnati, Milwaukee in Amerika sind sie errichtet worden. Der hl. Vater hat in neuester Zeit die Präsides von Köln, Wien, München zur Anerkennung für ihre Bemühungen besonders geehrt, der Kaiser Franz Joseph von Oesterreich hat den Wiener Verein mit einem Besuche beehrt, der junge König Ludwig II. von Bayern hat das Protectorat über alle bayerischen Gesellenvereine übernommen. Wohl hat die zweite Mainzer Generalversammlung den Gesellenverein mächtig befürwortet, aber das von Gott auserwählte Werkzeug, das große Werk zu beginnen und fortzuführen, war Kolping von Köln. Von Kolping wird es einst heißen, sein Herz hat für sein Jahrhundert geschlagen, und sein Andenken werden Hunderttausende segnen; er ist in seiner Art einer der einflußreichsten Reformatoren im 19. Jahrhundert auf socialem Gebiete. In Würzburg hat er viele Präsides von Gesellenvereinen aus allen Theilen Deutschlands um sich versammelt und die erste Generalversammlung der Gesellenvereine abhaltend, seinem Werke die Krone aufgesetzt und durch eine kirchliche Organisation der Vereine denselben ihre Zukunft gesichert. Als Redner kann Kolping hinreißend werden, er hat das schon oft bewiesen; er ist zugleich Publicist und einer der beliebtesten Volksschriftsteller Deutschlands. Gruscha von Wien hat nicht selten auf den Generalversammlungen, Kolping vertretend, das Wort für die Gesellenvereine genommen. Und Gruscha's Wort tönt laut und tönt gewaltig, und wo Gruscha spricht, da ist Keiner, der die größte Versammlung so zu packen, zu begeistern, zu überwältigen vermöchte; denn seine Rede hat eine magische Kraft, der Niemand sich entziehen kann. Gruscha ist General-Präses aller Gesellenvereine in Oesterreich. Alban Stolz in Freiburg ist der Vater des Freiburger Gesellen-Vereins und Einer, der Kolpings Werk mit Rath und That mächtig gefördert hat. Stolz ist Deutschlands eminentester Volksschriftsteller; keiner hat solche Erfolge errungen mit seinen Schriften wie Stolz. Seine Flugschriften sind Ereignisse, seine Kalender lesen Hunderttausende. Stolz ist zwar nicht von Allem erbaut, was auf den Generalversammlungen gesprochen wird, aber er ist doch häufig auf denselben erschienen, so in Aachen und Frankfurt. Missionsvicar Müller von Berlin ist einer der tüchtigsten Gesellenpräsides; er schuf den Katholiken Berlins ein großes Gesellschaftshaus, gibt ein wackeres Kirchenblatt heraus, schreibt den ausgezeichneten Bonifaciuskalender, gründet Missionsstationen eine um die andere und fördert die Interessen des Reiches Gottes im deutschen Norden, wo er nur kann. Gleich weit entfernt von der überzierlichen Sauberkeit des Sachsenelements wie vom hochgebildeten Berlinerthum, ist er ein Volksmann, wie die Katholiken Berlins ihn brauchen. Er spricht gewandt und interessant, wenn auch die Rede gerade nicht wie Glockenspiel klingt; auch hat er keinen besondern Ehrgeiz dafür, immer die schönste Form zu wählen. Gg. Mayr von München, Central-Präses von mehr als hundert Vereinen in Bayern, von seinen Gesellen geliebt wie der Vater von seinen Kindern, hat wohl das schönste Vereinshaus in Deutschland gebaut; das Beste dabei hat aber der selige Dr. Ludwig Merz in München gethan, der auch die Wege der Barmherzigkeit wandelte, dem, galt es kirchliche Interessen zu fördern, kein Opfer zu groß, keine Mühewaltung zu lästig war und der auf so vielen Katholikenversammlungen eines der thätigsten und eifrigsten Mitglieder gewesen ist. Wir Alle, die wir seine Freunde gewesen, werden ihm ein liebendes Gedächtniß bewahren, so lange wir leben.

Das von Kolping dem hochwürdigsten Episcopat Deutschlands unterbreitete Promemoria, handelnd über die Organisation der Gesellenvereine, ist außer den Genannten unterzeichnet von den Diöcesanpräsides: Beckert in Würzburg, Ponholzer in Augsburg, Jos. Weizenhofer in Eichstädt, Benker in Bamberg, Schäffer in Trier, Gg. Arminger in Linz, B. Höllrigl in St. Pölten, Max Jäger in Freiburg, Fr. Riedinger in Speyer, Fr. Nacke in Paderborn und von den Präsides Jos. Mayr in Innsbruck, Fid. Höpperger in Agram, K. Ziegler in Rottenburg.

Weitere Namen nenne ich nicht, sonst müßte ich 400 hiehersetzen und das geht nun einmal nicht. Der liebe Gott, denk' und hoffe ich, wird alle Gesellenpräsides ganz speciell belohnen. Seit ein paar Jahren hat die Katholikenversammlung die „sociale Frage" auf ihrer Tagesordnung in den Vordergrund gestellt: Roßbach von Würzburg, Bosen von Köln, Schüren von Aachen haben ausgezeichnete Reden über diesen Gegenstand gehalten.

Zum Vierten nenne ich die Lesevereine und katholischen Casino's. Daß wir 400 katholische Gesellenvereine haben, ist gut, und das Ausland beneidet uns mit Recht darum; wenn wir einst 200 oder 300 katholische Casino's in den meisten Städten Deutschlands haben, die alle miteinander auf's Engste verbunden sind, so ist das auch gut, ja noch besser; das Beste und Höchste aber haben wir erreicht, wenn wir wieder rein= katholische Universitäten besitzen und wenn auch die

Männer der Wissenschaft und der vollendeten Weltbildung sich vereinigen, wie das in Belgien schon vor dem Congresse 1864 von 500 Männern, die ihre Studien in Löwen gemacht haben, geschehen ist.

Advocat Adams von Koblenz ist derjenige, in dem die Casinofrage sich gleichsam verkörpert hat. Das Casino in Koblenz leitet er mit einer ausnehmenden Geschicklichkeit und durch seine Bemühungen vorzüglich ist der rheinische Casinoverband zu Stande gekommen, dem sich in Kurzem viele Städte in den Rheinlanden anschließen werden. Adams ist ein gewandter anmuthiger Sprecher, voll von freudiger Zuversicht, von tiefer unerschütterlicher Ueberzeugung und vom stärksten Glauben an die Macht der gesunden, lebenskräftigen Ideen. Möge Adams für die „geselligen Vereine" Deutschlands werden, was Kolping für die deutschen Gesellenvereine geworden ist.

Meister Falk von Mainz, der „Priester der katholischen Fröhlichkeit", hat für seine Vaterstadt die Casinofrage bereits auf das Glänzendste gelöst. Daß der berühmte „Frankfurter Hof" Eigenthum des katholischen Lesevereins in Mainz geworden, ist lediglich Herrn Falk zu verdanken. Am 20. Nov. 1864, als mit Glanz und Pracht das Casino zum „Frankfurter Hof" in Mainz eröffnet wurde, hat Präsident Falk seine schönste Rede gehalten; denn Herr Falk, obwohl dem Handwerkerstande angehörig, ist ein sehr respectabler, ja (für die Feinde der Kirche) ein ganz formidabler Redner; er applicirt gleich Keulenschläge und zwar mit unglaublicher Vehemenz und dabei kommt ihm die Stärke seiner Lunge vortrefflich zu Statten. Falks Reden sind gerade keine Kunstwerke, aber sie haben etwas Elektrisirendes in sich; der Redner verläßt auch stets unter betäubendem Beifall die Tribüne.

In Belgien haben sich von 1863—1864 über 20 Casino's gebildet; mit Beginn des Jahres 1865 existiren in Deutschland bereits nahezu ein halbes Hundert. Fördern wir diese große Sache auf alle Weise und bald ist ein katholischer Männerbund hergestellt, der da reicht nicht bloß von der Donau bis zum Rhein, sondern von der Adria bis zur Nordsee.

Es sollte hier auch vom Vincenzverein gesprochen werden. Advocat Lingens von Aachen, einer der fleißigsten und geschäftstüchtigsten Besucher der Generalversammlungen, und Hr. von Brentano, Kaufmann aus Augsburg, ein begeisterter schwungvoller Redner, wären da in erster Linie zu erwähnen; dann aber Baudon aus Paris, General-Präsident aller Vincenzvereine in Frankreich, sowie Legentil und Meniolle aus Paris; aber ich eile lieber zum Schlusse, um nicht in's Endlose zu gerathen.

Eine mächtige, hochragende Kapuzinergestalt, der thatkräftige, gottbegnadigte P. Theodosius von Chur in der Schweiz, möge die Reihe der Männer der Charitas beschließen. Hat er doch in der verschiedenartigsten Weise Hand angelegt, die sociale Frage vom kirchlich-religiösen Standpunkt aus zu lösen und mit einer Erfindungsgabe und Geschicklichkeit ohne Gleichen dem Elend und der Armuth abgeholfen. Bekannt sind die Congregationen, die er gegründet, denen er zahlreiche

Convente gebaut hat, bekannt die Seminarien und Institute, welche wahre Musteranstalten genannt werden können; am meisten flößt mir jedoch Bewunderung ein, wie er das Problem gelöst hat, in die Fabriken den Segen Gottes zu bringen, unter den Fabrikarbeitern Glück und Zufriedenheit zu verbreiten. Daß die Fabriken nach kirchlich=religiösen Grundsätzen geleitet werden, ist gewiß eine der höchsten und schönsten Triumphe der christlichen Charitas.

Die von P. Theodosius vor 12 Jahren gegründete Congregation der barmherzigen Schwestern vom hl. Kreuze in Chur=Ingenbohl unterhält zu Beginn des Jahres 1865 bereits 112 Stationen in 13 Kantonen der Schweiz, in Böhmen, Oberösterreich, Sigmaringen und in Baden.

Neben dem ehrwürdigen Kapuziner müßten hier von ausgezeichneten katholischen Männern der Schweiz vor Allen erwähnt werden: Altschultheiß **Siegwart-Müller** in Uri, der greise Regierungsrath **Haubt** in Luzern, **Karl v. Schmid in Böttstein**, Führer der Katholiken im Aargau, **Hr. v. Moos aus Luzern**, Ingenieur **Müller in Altdorf**, Domdecan **Schlumpf in Zug**, Domherr **Fiala in Solothurn**, ein bewährter Archäolog, die Chorherren von Luzern: **Winkler** und **Tanner**, geachtete theologische Schriftsteller, **Philipp Segesser in Luzern**, Domherr **Keller in St. Gallen**, Jakob Baumgartner, der bedeutendste Staatsmann der Schweiz, P. **Gallus Morel in Einsiedeln**, die Publicisten **Schleiniger im Aargau**, **Rebing** und **Eberle in Schwyz**, die Historiker **Kopp** in

Luzern, Muelinen und Burgener, der profunde Dr. Schmeitzl, Stadtpfarrer in Glarus, Musikdirector Greith in St. Gallen, Maler Deschwanden, Buchhändler Benziger. Graf Theodor v. Scherer aus Solothurn aber ist die Seele des Vereinslebens in der katholischen Schweiz und der geborene Präsident der Schweizer Generalversammlungen des Piusvereins. Die 18jährige Thätigkeit Mermillods in Genf hat Papst Pius IX. vor wenigen Monaten mit der Bischofswürde belohnt. Bischof Marilley von Genf-Lausanne zählt zu den Bekennern der Kirche unserer Tage, Bischof Greith von St. Gallen ist ein hervorragender Gelehrter.

Fünftes Kapitel.

Schluß.

Nicht Alles verdient Lob, was auf den Katholikenversammlungen geschieht, verhandelt und gesprochen wird. Es ist in den 16 Jahresversammlungen seit 1848 viel Unpractisches, Unausführbares, Unbedeutendes auf's Tapet gekommen. Das Schweigen ist eine Kunst, die manche regelmäßige Congreßbesucher noch immer nicht gelernt haben; auch die schon erwähnte Kunst, sich kurz zu fassen, ist noch zu wenig verstanden, besonders von jenen nicht verstanden, die gewohnt sind, in den geschlossenen Generalversammlungen die Rednerbühne fortwährend in Belagerungszustand zu halten. Man sollte den berühmten Spruch: tritt frisch auf, mach's Maul auf, hör' bald auf, auf eine Tafel mit großen Buchstaben schreiben und zu Beginn der geschlossenen Versammlungen vor jeder Rednerbühne befestigen, damit Jeder wisse, was er zu thun habe. Die Redeseligkeit ist sehr energisch zu bekämpfen. Es gibt Herren, die jedes Jahr mit ihrem Lieblingsredestoff wiederkommen und die Versammlung langweilen; Andere haben immer etwas zu bemerken, auch wo nichts zu bemerken ist, denn dann erinnern sie wenigstens daran, daß sie nichts zu erinnern haben; Vielen, die auftreten, fehlt der parlamentarische Tact und sie wissen dem, was sie vorbringen, nicht die rechte Form zu geben. Schon manchmal ist das feurige Roß der Begeisterung mit dem Redner durchgegangen und hat ihn abgeworfen, ein Anderer wurde durch tausendstimmiges aber ironisch gemeintes Bravo von der Rednerbühne herabgedonnert und welcher Congreßbesucher hat nicht auch schon Reden vernommen, die Aehnlichkeit hatten mit einem Irrlicht oder einem blutarmen Beefsteak? In Mecheln ist man sehr erfinderisch in gegenseitigen lobenden Erörterungen, hascht stark nach pikanten Pointen und wird wohl auch gerne überschwänglich; selbstverständlich befand sich unter 4000 und 6000, die in Mecheln 1863 und 1864 waren, auch eine schöne Schaar „von Leuten, die sonst nicht viel bedeuten, sie klatschen nur zu Zeiten." Wäre ich so bösartig, wie der Verfasser der „Brustbilder aus der Paulskirche" (1849, Leipzig), so könnte ich an dieser Stelle eine lange Reihe von merkwürdigen Käuzen vorführen, auf welche die oben ausgesprochenen Sätze Anwendung finden.

Das Amt eines Präsidenten der Generalversammlung ist aus diesen und anderen Gründen kein leichtes; doch hat es uns in den 16 Jahren nie an tüchtigen, ja ausgezeichneten Präsidenten gefehlt; viele waren aus dem deutschen Adel genommen. Da sind abermals die Namen zu nennen: Ritter von Buß, Graf Joseph von Stolberg; Freiherr von Andlaw wurde zweimal, in Linz und in München, zum Präsidenten erwählt, ebenso Freiherr Wilderich von Ketteler in Münster und in Frankfurt, Moritz Lieber in Breslau und in Salzburg; Ritter von Hartmann in Mainz; Graf O'Donnell aus Wien präsidirte in Linz und in Prag, Graf Brandis aus Tyrol in Aachen und in Freiburg, Hofrath Zell in Wien, A. Reichensperger in Köln, Freiherr von Moy in Würzburg. In der That eine Schaar von Männern, auf welche Deutschland stolz sein kann; Männer von weltmännischer Eleganz, nicht allein vornehme Herren, sondern auch vornehme Geister, Charaktere von ausgeprägtem Wesen, von denen Jeder eine ruhmvolle Geschichte hinter sich hat.

Hier ist wohl auch der Ort, einige der hohen und adeligen Herren zu erwähnen, die den Katholikenversammlungen beiwohnten. Für die letzten Jahre sind in erster Linie zu nennen: Dom Miguel Herzog von Braganza auf Bronnbach, und der junge Prinz Dom Miguel; dann Fürst Karl von Löwenstein-Wertheim und Prinz Karl zu Isenburg. Graf von Hompesch auf Rurich, Graf August von Spee auf Heltorf, Graf Schaesberg, Freiherr Felix von Loë in Missen, Graf Hoensbroich, Freiherr von Halberg-Broich in Aachen repräsentirten den rheinischen Adel; der Erbdrost Graf von Vischering, die Grafen Max und Ferdinand von Galen, die beiden Freiherrn von Schorlemer, die Grafen von Stolberg, Freiherr von Twickel, Freiherr von Ketteler, Freiherr von Hereman, Freiherr von Oer, Freiherr von Drüffel u. A. den westphälischen Adel.

Von Oesterreichern nenne ich Graf Wilhelm von Migazzi, Baron von Mayerhofer, Feldmarschall-Lieutenant; Graf Adolph Ludwig von Barth-Barthenheim, Graf Moritz von Fries, Graf Heinrich von Hoyos-Sprinzenstein, Graf Heinrich von O'Donnell in Wien, Ritter von Hartmann, den überaus eifrigen und thätigen Baron von Stillfried aus Salzburg, der mit Graf Friedrich von Thun auch in Würzburg erschienen war. Graf von Thun wurde in Würzburg zum Vicepräsidenten erwählt und hielt eine Rede. Eine hohe imponirende Gestalt, Aristokrat vom Scheitel bis zur Zehe, adelig in Wort und Geberde, als Diplomat Kenner der Welt und selbst ein feiner Weltmann, dabei den lebendigen Glauben und die kindliche Liebe zur Kirche im Herzen und beide verbunden mit einem klaren Verständniß für alle Nüancirung des kirchlichen Lebens, trat Graf Thun der Versammlung gegenüber als Repräsentant des österreichischen Adels, der noch großentheils ächt katholisch ist, als Repräsentant des mächtigen Kaiserstaates, auf den alle Katholiken mit

Vertrauen blicken, als Abgeordneter aus dem kaiserlichen Wien, wo nach und nach eine Fülle katholischen Lebens wieder sich kund gibt, als Träger eines hochberühmten Namens, der die Katholiken erinnert an das Concordat, welches durch Kaiser Franz Joseph zum Heile der Kirche zu Stande gekommen ist.

Unter den kirchlichen Würdenträgern hat Weihbischof Dr. Baudri von Köln der deutschen Generalversammlung in besonders hervorragender Weise seine Thätigkeit und Liebe zugewendet; mit feuriger zündender Rede hat er so manche Generalversammlung eröffnet. In München sind Erzbischof Gregorius und Bischof Ignatius von Regensburg, in Aachen Bischof Wedekind von Hildesheim als Redner aufgetreten; die weihevollen apostolischen Worte des Bischofs Georg Anton von Stahl von Würzburg werden uns unvergeßlich bleiben. Der Bischof von Limburg, Peter Joseph Blum, ließ sich in Frankfurt durch seinen Generalvicar Dr. Klein vertreten. Dombecan Dr. Götz von Würzburg hat viel Verdienst um das Zustandekommen der letzten Generalversammlung. Ich erinnere noch an Generalvicar Buchegger in Freiburg, Domcapitular Broir in Köln, Dombecan Krabbe in Münster, Dombecan Schiedermayr in Linz, Domherr Wiery in Salzburg, Domherr Freund in Passau, Generalvicar Schmitt in Bamberg, Abt Mislin von Großwardein, Propst Pelldram in Berlin, Domherr Heinrich Szajbély von Gran, Abt Michael von Fogarasy von Großwardein, Domherr Michael Kubinszky von Kalocza, Domherr Dr. Molitor von Speyer, Domherr Dr. Malkmus aus Fulda, Propst Nübel von Soest, Dombecan Dr. Stabler von Augsburg, Propst Kalliski von Gnesen, Domherr Büchinger von Graz, Hofkaplan Streble von Freiburg, Hofkaplan Dr. Häusle aus Wien, Hofkaplan Müller aus München u. A. Auch Bischof Mermillod von Genf, einer der ersten Kanzelredner Europas, und der römische Prälat Monsignore Nardi, der in vier Sprachen Reden zu halten im Stande ist, haben die deutschen Generalversammlungen besucht.

Auf den Katholikencongressen hat es nicht an verschiedenen großartigen Scenen gefehlt. Es war ein überwältigender Anblick, in Mecheln 5000 Männer aus allen Ländern der Welt am 29. August 1864 in Procession zur Kathedrale St. Rombaut gehen zu sehen; aber auch das war herzerhebend, als im September 1857 viele Hunderte von Deputirten von Salzburg aus nach dem Gnadenort Maria Plain wallfahrteten und bei der Mutter der Gnaden die gemeinsame Andacht verrichteten. Und unvergeßlich schön verlief die Feier der Einweihung der Mariensäule in Köln 1858 am 8. September, Nachmittags 3 Uhr, der auch der ganze Congreß beiwohnte. Ueber alle Beschreibung enthusiastisch war der Empfang, welcher in Mecheln dem Bischof von Orleans zu Theil wurde; aber noch feierlicher wurden die ungarischen Bischöfe und Prälaten am 21. und 22. September 1853 von der Wiener Generalversammlung aufgenommen. P. Felix wußte durch seine Rede am 2. September 1864 Abends eine mächtige Begeisterung zu erwecken; auch Döllinger hat 1861 auf der Münchener Versammlung durch seine bekannten Erklärungen einen gewaltigen Freudensturm hervorgerufen. Und einzig steht da die bereits erwähnte Scene im Kaisersaal zu Aachen, 8. September 1862, durch welche die Universitätsfrage in ein neues Stadium gebracht wurde. Als nach den Reden des P. Felix am 2. September 1864 P. Dechamps der Redemptorist und P. Hermann der Karmeliter den Jesuiten dankend und Freudenthränen weinend umarmten und ein belgischer Bischof, hinzutretend, den dreien die Hand gab, wurden unsere Herzen freudig bewegt. Auch in Würzburg fand am 14. September 1864 Abends eine feierliche, rührende Verbrüderungsscene statt — zwischen dem katholischen Ungarn und dem katholischen Deutschland, die einen unbeschreiblichen Enthusiasmus hervorbrachte. Herr von Majer, Advocat und Gutsbesitzer aus Ungarn, hatte uns Alle bezaubert; sein männlich-schönes, ritterliches Auftreten, das schon in Mecheln so gefallen, die stattliche magyarische Tracht und die meisterhafte Rede mußten überwältigen; Vicepräsident Adams sprach die Gesinnung der Versammlung aus und — das stürmischste ungarische Eljenjauchzen kann nicht lauter ertönen, als unsere deutschen Lebehochs auf die trefflichen Ungarn erklangen.

Dann und wann erscheint auch ein Redner vor den Generalversammlungen, der, mit dem Talent eines Demagogen ausgestattet, momentan einen ungeheuren Eindruck hervorbringt. Greuter aus Tyrol, nun Mitglied des österreichischen Reichsraths, zählt zu jenen

Rednern, die ich stets mit besonderer Vorliebe vernehme; er hat in Salzburg und Aachen gesprochen. Auch in Würzburg trat ein solcher Volksredner auf, Advocat Brummel aus Baden. Ich schrieb am 14. September 1864 unmittelbar nach dessen Rede von ihm: "Nachdem P. Modeste aus Paris unter rauschendem Beifall die Rednerbühne verlassen, steigt eine hohe stattliche Gestalt herauf, in der strammen Haltung des Militärs; es ist ein Held, der sein Leben eingesetzt hat für den heiligen Vater, der neben Pimodan und La Moricière gefochten, der die Schlacht der Martyrer, die von Castelfidardo, mitgeschlagen, die Belagerung von Ancona mitgemacht hat und ein halbes Jahr von den Piemontesen gefangen gehalten wurde: es ist Herr Brummel aus Baden. Seine Stimme tönt fast wie Kriegsdrommetenklingen, wenn's in die blutige Schlacht geht. Die Sätze, die er spricht, zünden wie wohlgeladene Bomben und schlagen ein wie Vollkugeln aus gezogenen Kanonen. Das Ganze der Rede nahm sich aus wie der heftigste Kriegssturm gegen die über alle Maßen klägliche Wirthschaft im badischen Lande. Bei diesem Redner verbindet sich mit der gewaltigen Kraft das tiefe starke Gefühl, mit der glänzenden Bravour, der soldatischen Furia und dem glühenden Hasse alles Bösen eine kindliche Liebe zur Kirche und zur Wahrheit. Er war der Tankred im badischen Kreuzzug gegen die Tyrannei der Karlsruher und Heidelberger Volksbeglücker, welcher für den greisen, im Martyrium mit Papst Pius IX. wetteifernden Erzbischof Hermann von Vicari in die Schranken trat."

Hier breche ich ab und endige diese anspruchlosen „**Skizzen und Bilder**", die ich theils an Ort und Stelle, theils in freien Stunden nach Erfüllung der obliegenden Berufspflichten entworfen habe. Diejenigen Leser, die an dem Büchlein kein Gefallen finden konnten, mögen, den Verfasser entschuldigend, bedenken, daß er es geschrieben, um einer jungen katholischen Gemeinde eine Kirche bauen zu helfen. Gott dem Herrn ein Haus bauen, ist aber ein besseres Werk, als gute Bücher schreiben.

www.ingramcontent.com/pod-product-compliance
Lightning Source LLC
Chambersburg PA
CBHW030303170426

43202CB00009B/855